VAN DUISTERNIS NA HEERSKAPPY: 40 Dae om Bevry te Breek van die Verborge Greep van Duisternis

'n Wêreldwye oordenking van bewustheid, verlossing en krag

Vir individue, gesinne en nasies wat gereed is om vry te wees

Deur

Zacharias Godseagle; Ambassador Monday O. Ogbe and Comfort Ladi Ogbe

Inhoudsopgawe

Oor die Boek – VAN DUISTERNIS TOT HEERSKAPPY 1
Agterbladteks 3
Een-paragraaf mediapromosie (pers/e-pos/advertensie-blurb) 4
Toewyding 6
Erkennings 7
Aan die Leser 8
Hoe om hierdie boek te gebruik 10
Voorwoord 13
Voorwoord 15
Inleiding 16
HOOFSTUK 1: OORSPRONG VAN DIE DONKER KONINKRYK 19
HOOFSTUK 2: HOE DIE DONKER KONINKRYK VANDAG FUNKSIONEER 22
HOOFSTUK 3: TOEGANGSPUNTE – HOE MENSE VERSLAAF RAAK 25
HOOFSTUK 4: MANIFESTASIES – VAN BESIT TOT OBSESSIE 27
HOOFSTUK 5: DIE KRAG VAN DIE WOORD – DIE OUTORITEIT VAN GELOWIGES 29
DAG 1: BLOEDLYNE & HEKKE — VERBREK FAMILIEKETTINGS 32
DAG 2: DROOMINVASIES — WANNEER DIE NAG 'N SLAGVELD WORD 35
DAG 3: GEESTELIKE EGGEnote — ONHEILIGE VERBINDINGS WAT DIE LOODSKOMSTE VERBIND 38
DAG 4: VERVLOEKTE VOORWERPE – DEURE WAT VERONTREINIG 41
DAG 5: BEKWORMERD & MISLEID — BREEK VRY VAN DIE GEES VAN WAARSÊERY 44
DAG 6: POORTE VAN DIE OOG – DIE TOEGANG VAN PORTALE VAN DUISTERNIS 47

DAG 7: DIE KRAG AGTER NAME — DIE AFSTAND VAN ONHEILIGE IDENTITEITE..................50

DAG 8: ONTMASKERING VAN VALSE LIG — NUWE EEU-VALKLAGE EN ENGELIESE MISLEIDINGS..................53

DAG 9: DIE ALTAAR VAN BLOED — VERBOND WAT 'N LEWE EIS..................56

DAG 10: ONTROERHEID & GEBROKKENHEID — WANNEER DIE BAARMOEDER 'N SLAGVELD WORD..................59

DAG 11: OUTOIMUUNVERSTEURINGS & CHRONIESE MOEGHEID — DIE ONSIGBARE OORLOG BINNE..................62

DAG 12: EPILEPSIE & GEESTESWARTING — WANNEER DIE GEES 'N SLAGVELD WORD..................65

DAG 13: GEES VAN VREES — DIE KOOI VAN ONSIGBAAR PYNTING BREEK..................68

DAG 14: SATANIESE MERKINGS — DIE UITVEE VAN DIE ONHEILIGE BRAND..................71

DAG 15: DIE SPIEËLRYK — ONTSNAP UIT DIE GEVANGENIS VAN REFLEKSIES..................74

DAG 16: DIE BAND VAN WOORDVLOEKE VERBREK — JOU NAAM, JOU TOEKOMS TERUG EIS..................77

DAG 17: BEVRYDING VAN BEHEER EN MANIPULASIE..................80

DAG 18: DIE KRAG VAN ONVERGEWINGSHEID EN BITTERHEID VERBREK..................83

DAG 19: GENESING VAN SKAAMTE EN VEROORDEELING...86

DAG 20: HUISHOUDELIKE HEKKERY — WANNEER DIE DUISTERNIS ONDER DIESELFDE DAK WOON..................89

DAG 21: DIE JEZEBEL GEES — VERLEIDING, BEHEER EN GODSDIENSTIGE MANIPULASIE..................92

DAG 22: LUISLANE EN GEBEDE — DIE GEES VAN VERNEDIGING VERBREEK..................96

DAG 23: TRONE VAN ONGELDIGHEID — DIE AFBREKING VAN TERRITORIALE VESTINGS..................99

DAG 24: SIELFRAGMENTE — WANNEER DELE VAN JOU ONTBREEK..................102

DAG 25: DIE VLOEK VAN VREEMDE KINDERS — WANNEER DIE LOT BY GEBOORTE VERRUIL WORD 105

DAG 26: VERBORGE ALTARE VAN MAG — BREEK VRY VAN ELITE OKKULTIESE VERBONDES 109

DAG 27: ONHEILIGE ALLIANSIË — VRYMESSELAARY, ILLUMINATI & GEESTELIKE INFILTRASIE 112

DAG 28: KABBALAH, ENERGIENETWERKE & DIE LOK VAN MISTIESE "LIG" 116

DAG 29: DIE ILLUMINATI-SLUIER — ONTMASKERING VAN DIE ELITE OKKULTE NETWERKE 119

DAG 30: DIE MISTERSKOLE — ANTIEKE GEHEIME, MODERNE GEBONDHEID 122

DAG 31: KABBALAH, HEILIGE MEETKUNDE & ELITE LIGBEDREIDING 126

DAG 3 2: DIE SLANGGEES BINNEIN — WANNEER VERLOSSING TE LAAT KOM 130

DAG 33: DIE SLANGGEES BINNEIN — WANNEER VERLOSSING TE LAAT KOM 134

DAG 34: METSELAARS, KODES & VLOEKE — Wanneer Broederskap Slawerny Word 138

DAG 35: HEKSE IN DIE BANKE — WANNEER DIE BOSE DEUR DIE KERKDEURE INKOM 142

DAG 36: GEKODEERDE SPELTOWERYE — WANNEER LIEDJIES, MODE EN FLIEKS PORTALE WORD 146

DAG 37: DIE ONSIGBARE ALTARS VAN MAG — VRYMESSELAARS, KABBALAH, EN OKKULTE ELITES 150

DAG 38: BAARMOEDERVERBONDE & WATERKONINKRYKE — WANNEER DIE BESTEMMING VOOR GEBOORTE BESOED WORD 154

DAG 39: WATER GEDOOP IN SLAWERNY — HOE BABAS, INISIËLETTERS EN ONGESIENE VERBONDES DEURE OOPMAAK 158

DAG 40: VAN VERLOOR NA VERLOORER — JOU PYN IS JOU ORDINASIE 162

360° DAAGLIKSE VERKLARING VAN VERLOSSING & HEERSKAPPY – Deel 1 165
360° DAAGLIKSE VERKLARING VAN VERLOSSING & HEERSKAPPY – Deel 2 167
360° DAAGLIKSE VERKLARING VAN VERLOSSING & HEERSKAPPY - Deel 3 171
GEVOLGTREKKING: VAN OORLEWING TOT SEUNSKAP — VRY BLY, VRY LEEF, ANDER VRY MAAK 175
Hoe om Wedergebore te Word en 'n Nuwe Lewe met Christus te Begin 178
My Reddingsoomblik 180
Sertifikaat van Nuwe Lewe in Christus 181
VERBIND MET GOD SE EAGLE-BEDIENINGE 182
AANBEVOLE BOEKE EN HULPBRONNE 184
AANHANGSEL 1: Gebed om Verborge Heksery, Okkulte Praktyke of Vreemde Altare in die Kerk te Onderskei 198
AANHANGSEL 2: Media-verloëning en -reinigingsprotokol 199
AANHANGSEL 3: Vrymesselary, Kabbalah, Kundalini, Heksery, Okkultiese Verloëningskrif 200
AANHANGSEL 4: Aktiveringsgids vir Salwingsolie 201
AANHANGSEL 6: Videobronne met getuienisse vir geestelike groei . 202
FINALE WAARSKUWING: Jy kan nie hiermee speel nie 203

Kopieregbladsy

VAN DUISTERNIS TOT HEERSKAPPY: 40 Dae om Bevry te Breek van die Verborge Greep van Duisternis – 'n Wêreldwye Oordenking van Bewustheid, Verlossing en Krag

Deur Zacharias Godseagle , Comfort Ladi Ogbe & Ambassadeur Maandag O. Ogbe

Kopiereg © 2025 deur **Zacharias Godseagle en God's Eagle Ministries – GEM**

Alle regte voorbehou.

Geen deel van hierdie publikasie mag gereproduseer, in 'n herwinningstelsel gestoor of in enige vorm of deur enige middel – elektronies, meganies, fotokopiëring, opname, skandering of andersins – oorgedra word sonder die vooraf skriftelike toestemming van die uitgewers nie, behalwe in die geval van kort aanhalings wat in kritiese artikels of resensies vervat is.

Hierdie boek is 'n werk van nie-fiksie en godsdienstige fiksie. Sommige name en identifiserende besonderhede is waar nodig vir privaatheid verander.

Skrifaanhalings is geneem uit:

- *Nuwe Lewende Vertaling (NLT)* , © 1996, 2004, 2015 deur Tyndale House Foundation. Gebruik met toestemming. Alle regte voorbehou.

Omslagontwerp deur GEM TEAM
Binne-uitleg deur GEM TEAM
Gepubliseer deur:
Zacharias Godseagle & God's Eagle Ministries – GEM
www.otakada.org [1] | ambassador@otakada.org
Eerste Uitgawe, 2025
Gedruk in die Verenigde State van Amerika

---

1. http://www.otakada.org

Oor die Boek – VAN DUISTERNIS TOT HEERSKAPPY

VAN DUISTERNIS TOT HEERSKAPPY: 40 Dae om Bevry te Breek van die Verborge Greep van Duisternis - *'n Wêreldwye Oordenking van Bewustheid, Verlossing & Krag - Vir Individue, Gesinne en Nasies Gereed om Vry te Wees* is nie net 'n oordenking nie – dis 'n 40-dae wêreldwye bevrydingsontmoeting vir **presidente, eerste ministers, pastore, kerkwerkers, uitvoerende hoofde, ouers, tieners en elke gelowige** wat weier om in stille nederlaag te leef.

Hierdie kragtige 40-dae-toewyding spreek *geestelike oorlogvoering, verlossing van voorvaderlike altare, die verbreking van sielsbande, okkulte blootstelling en wêreldwye getuienisse van eks-hekse, voormalige sataniste* en diegene wat die magte van die duisternis oorwin het, aan.

Of jy nou **'n land lei , 'n kerk as pastoor bedien , 'n besigheid bestuur** of **vir jou gesin in die binnekamer veg** , hierdie boek sal blootlê wat verborge was, konfronteer wat geïgnoreer is, en jou bemagtig om vry te breek.

'n 40-dae wêreldwye toewyding van bewustheid, verlossing en krag
Binne hierdie bladsye sal jy te doen kry met:

- Bloedlynvloeke en voorvaderlike verbonde
- Gees-eggenote, mariene geeste en astrale manipulasie
- Vrymesselary, Kabbalah, kundalini-ontwakings en heksery-altare
- Kindertoewydings, voorgeboortelike inisiasies en demoniese draers
- Media-infiltrasie, seksuele trauma en sielfragmentasie
- Geheime samelewings, demoniese KI en valse herlewingsbewegings

Elke dag sluit in:
- *'n Ware storie of globale patroon*

- *Skrifgebaseerde insig*
- *Groep- en persoonlike toepassings*
- *Verlossingsgebed + refleksiejoernaal*

Hierdie boek is vir jou as jy:

- 'n **President of beleidmaker** wat geestelike duidelikheid en beskerming vir jou nasie soek
- 'n **Pastoor, voorbidder of kerkwerker** wat onsigbare magte beveg wat groei en reinheid weerstaan
- 'n **HUB of sakeleier** wat onverklaarbare oorlogvoering en sabotasie in die gesig staar
- 'n **Tiener of student** wat geteister word deur drome, pyniging of vreemde gebeurtenisse
- 'n **Ouer of versorger** wat geestelike patrone in jou bloedlyn raaksien
- 'n **Christenleier** moeg vir eindelose gebedsiklusse sonder deurbraak
- Of bloot 'n **gelowige gereed om van oorlewing na seëvierende heerskappy te gaan**

Waarom hierdie boek?

Want in 'n tyd wanneer duisternis die masker van lig dra, **is verlossing nie meer opsioneel nie**.

En **mag behoort aan die ingeligtes, die toegerustes en die oorgegeees**. **Geskryf deur Zacharias Godseagle, Ambassadeur Monday O. Ogbe, en Comfort Ladi Ogbe**, dit is meer as net onderrig – dit is 'n **wêreldwye wekroep** vir die Kerk, die familie en die nasies om op te staan en terug te veg – nie in vrees nie, maar in **wysheid en gesag**.

Jy kan nie dissipels maak van wat jy nie afgelewer het nie. En jy kan nie in heerskappy wandel totdat jy vrybreek van die greep van die duisternis nie.

Breek die siklusse. Konfronteer die verborgene. Neem jou bestemming terug – een dag op 'n slag.

Agterbladteks

VAN DUISTERNIS TOT HEERSKAPPY
40 Dae om Bevry te Breek van die Verborge Greep van Duisternis
'n Wêreldwye Oordenking van Bewustheid, Verlossing en Krag

Is jy 'n **president**, 'n **pastoor**, 'n **ouer**, of 'n **biddende gelowige** – desperaat vir blywende vryheid en deurbraak?

Dit is nie net 'n oordenking nie. Dit is 'n 40-dae lange wêreldreis deur die ongesiene slagvelde van **voorvaderlike verbonde, okkulte slawerny, mariene geeste, sielfragmentasie, media-infiltrasie en meer**. Elke dag openbaar ware getuienisse, wêreldwye manifestasies en bruikbare verlossingsstrategieë.

Jy sal ontdek:

- Hoe geestelike poorte oopgemaak word—en hoe om hulle toe te maak
- Die verborge wortels van herhaalde vertraging, pyniging en slawerny
- Kragtige daaglikse gebede, refleksies en groeptoepassings
- **heerskappy** te beleef, nie net verlossing nie

Van **hekseraltare** in Afrika tot **New Age-misleiding** in Noord-Amerika ... van **geheime genootskappe** in Europa tot **bloedverbonde** in Latyns-Amerika - **hierdie boek ontbloot dit alles**.

VAN DUISTERNIS TOT HEERSKAPPY is jou padkaart na vryheid, geskryf vir **pastore, leiers, gesinne, tieners, professionele persone, uitvoerende hoofde** en enigiemand wat moeg is om deur oorlogvoering te fiets sonder oorwinning.

"Jy kan nie dissipels maak van wat jy nie afgelewer het nie. En jy kan nie in heerskappy wandel totdat jy vrybreek van die greep van die duisternis nie."

Een-paragraaf mediapromosie (pers/e-pos/ advertensie-blurb)

VAN DUISTERNIS TOT HEERSKAPPY: 40 Dae om Bevry te Breek van die Verborge Greep van Duisternis is 'n wêreldwye oordenking wat blootlê hoe die vyand lewens, families en nasies infiltreer deur altare, bloedlyne, geheime genootskappe, okkulte rituele en daaglikse kompromieë. Met stories van elke kontinent en getoetste verlossingsstrategieë, is hierdie boek vir presidente en pastore, uitvoerende hoofde en tieners, huisvroue en geestelike krygers – enigiemand wat desperaat is vir blywende vryheid. Dit is nie net vir lees nie – dit is vir die breek van kettings.

Voorgestelde etikette

- bevrydingstoewyding
- geestelike oorlogvoering
- eks-okkulte getuienisse
- gebed en vas
- verbreek generasievloek
- vryheid van duisternis
- Christelike geestelike gesag
- mariene geeste
- kundalini-misleiding
- geheime genootskappe blootgelê
- 40 dae aflewering

 # Hashtags vir veldtogte
#DuisternisTotHeerskappy
#VerlossingOordenking
#BreekDieKettings

\#VryheidDeurChristus
\#GlobaleOntwaking
\#VerborgeGevegteBlootgestel
\#BidOmVryTeBreek
\#GeestelikeOorlogvoeringBoek
\#VanDuisternisNaLig
\#KoninkrykOwerheid
\#GeenMeerBondage
\#Eks-OkkultGetuienisse
\#KundaliniWaarskuwing
\#MarieneGeesteBlootgestel
\#40DaeVanVryheid

Toewyding

Aan die Een wat ons uit die duisternis geroep het tot sy wonderbare lig – **Jesus Christus**, ons Verlosser, Ligdraer en Koning van heerlikheid.

Aan elke siel wat in stilte uitroep – vasgevang deur onsigbare kettings, geteister deur drome, gepynig deur stemme, en die stryd teen duisternis op plekke waar niemand sien nie – hierdie reis is vir jou.

Aan die **pastore**, **voorbidders** en **wagte op die muur**,

Aan die **moeders** wat deur die nag bid, en die **vaders** wat weier om moed op te gee,

Aan die **jong seun** wat te veel sien, en die **dogtertjie** wat te vroeg deur die bose gemerk word,

Aan die **uitvoerende hoofde**, **presidente** en **besluitnemers** wat onsigbare gewigte agter openbare mag dra,

Aan die **kerkwerker** wat worstel met geheime slawerny, en die **geestelike kryger** wat dit waag om terug te veg —

Dit is julle oproep om op te staan.

En aan die dapperes wat hul stories gedeel het – dankie. Julle letsels maak nou ander vry.

Mag hierdie toewyding 'n pad deur die skaduwees verlig en baie lei na heerskappy, genesing en heilige vuur.

Jy is nie vergeet nie. Jy is nie magteloos nie. Jy is gebore vir vryheid.

- Zacharias Godseagle , Ambassadeur Maandag O. Ogbe & Comfort Ladi Ogbe

Erkennings

Eerstens en bowenal erken ons **God die Almagtige — Vader, Seun en Heilige Gees**, die Outeur van Lig en Waarheid, wat ons oë oopgemaak het vir die ongesiene gevegte agter geslote deure, sluiers, preekstoele en platforms. Aan Jesus Christus, ons Verlosser en Koning, gee ons alle eer.

Aan die dapper mans en vroue regoor die wêreld wat hul stories van pyniging, triomf en transformasie gedeel het – julle moed het 'n wêreldwye golf van vryheid aangesteek. Dankie dat julle die stilte verbreek het.

Aan die bedieninge en wagte op die muur wat in verborge plekke gearbei het – onderrig, voorbidding, verlossing en onderskeiding – ons eer julle volharding. Julle gehoorsaamheid hou aan om vestings af te breek en misleiding in hoë plekke te ontmasker.

Aan ons families, gebedsvennote en ondersteuningspanne wat saam met ons gestaan het terwyl ons deur geestelike puin gegrawe het om waarheid te ontdek – dankie vir julle onwrikbare geloof en geduld.

Aan navorsers, YouTube-getuienisse, klokkenluiders en koninkrykskrygers wat duisternis deur hul platforms blootlê – julle vrymoedigheid het hierdie werk met insig, openbaring en dringendheid gevoed.

Aan die **Liggaam van Christus**: hierdie boek is ook joune. Mag dit in jou 'n heilige voorneme wek om waaksaam, onderskeidend en vreesloos te wees. Ons skryf nie as kenners nie, maar as getuies. Ons staan nie as regters nie, maar as verlostes.

En laastens, aan die **lesers van hierdie oordenking** – soekers, krygers, pastore, verlossingspredikante, oorlewendes en waarheidsliefhebbers van elke nasie – mag elke bladsy julle bemagtig om **Van duisternis tot heerskappy**.

— **Zacharias Godseagle**
— **Ambassadeur Maandag O. Ogbe**
— **Troos Ladi Ogbe**

Aan die Leser

Dit is nie net 'n boek nie. Dit is 'n oproep.
'n Oproep om te ontbloot wat lank verborge was – om die onsigbare kragte te konfronteer wat generasies, stelsels en siele vorm. Of jy nou 'n **jong soeker is** , 'n **pastoor uitgeput van gevegte wat jy nie kan noem nie** , 'n **sakeleier wat nagverskrikkinge beveg** , of 'n **staatshoof wat meedoënlose nasionale duisternis in die gesig staar** , hierdie oordenking is jou **gids uit die skaduwees** .

Aan die **individu** : Jy is nie mal nie. Wat jy aanvoel – in jou drome, jou atmosfeer, jou bloedlyn – mag inderdaad geestelik wees. God is nie net 'n geneser nie; Hy is 'n verlosser.

Aan die **familie** : Hierdie 40-dae reis sal jou help om patrone te identifiseer wat jou bloedlyn lank gekwel het – verslawings, ontydige sterftes, egskeidings, onvrugbaarheid, geestelike pyniging, skielike armoede – en die gereedskap te verskaf om hulle te breek.

Aan **kerkleiers en pastore** : Mag dit 'n dieper onderskeidingsvermoë en moed wek om die geesteryk vanaf die kansel te konfronteer, nie net van die podium nie. Bevryding is nie opsioneel nie. Dit is deel van die Groot Opdrag.

Aan **uitvoerende hoofde, entrepreneurs en professionele persone** : Geestelike verbonde werk ook in direksiesale. Dra jou besigheid aan God toe. Breek voorvaderlike altare af wat vermom is as sakegeluk, bloedverbonde of Vrymesselaarsguns. Bou met skoon hande.

Aan die **wagte en voorbidders** : Julle waaksaamheid was nie tevergeefs nie. Hierdie hulpbron is 'n wapen in julle hande — vir julle stad, julle streek, julle nasie.

Aan **Presidente en Eerste Ministers** , as dit ooit by julle lessenaar kom: Nasies word nie net deur beleide regeer nie. Hulle word deur altare regeer – in die geheim of in die openbaar opgerig. Totdat die verborge fondamente aangespreek word, sal vrede ontwykend bly. Mag hierdie oordenking julle aanspoor tot 'n generasie-hervorming.

Aan die **jongman of -vrou** wat dit in 'n oomblik van desperaatheid lees: God sien jou. Hy het jou gekies. En Hy trek jou uit – vir goed.

Dit is jou reis. Een dag op 'n slag. Een ketting op 'n slag.

Van Duisternis na Heerskappy — dis jou tyd.

Hoe om hierdie boek te gebruik

VAN DUISTERNIS NA HEERSKAPPY: 40 Dae om Bevry te Breek van die Verborge Greep van Duisternis is meer as net 'n oordenking – dit is 'n bevrydingshandleiding, 'n geestelike ontgifting en 'n oorlogvoering-opleidingskamp. Of jy nou alleen lees, saam met 'n groep, in 'n kerk of as 'n leier wat ander lei, hier is hoe om die meeste uit hierdie kragtige 40-dae-reis te kry:

Daaglikse Ritme

Elke dag volg 'n konsekwente struktuur om jou te help om gees, siel en liggaam te betrek:

- **Hooftoewydingsonderrig** – 'n Openbaarende tema wat verborge duisternis blootlê.
- **Globale Konteks** – Hoe hierdie vesting regoor die wêreld manifesteer.
- **Ware lewensverhale** – Ware bevrydingservarings uit verskillende kulture.
- **Aksieplan** – Persoonlike geestelike oefeninge, verloëning of verklarings.
- **Groepstoepassing** – Vir gebruik in kleingroepe, gesinne, kerke of bevrydingspanne.
- **Sleutel-insig** – 'n Gedistilleerde wegneemete om te onthou en oor te bid.
- **Refleksiejoernaal** – Hartvrae om elke waarheid diep te verwerk.
- **Gebed van Verlossing** – Gerigte geestelike oorlogvoeringsgebed om vestings te breek.

Wat jy nodig het

- Jou **Bybel**
- n Toegewyde **joernaal of notaboek**
- **Salfolie** (opsioneel maar kragtig tydens gebede)
- Bereidwilligheid om **te vas en te bid** soos die Gees lei
- **Verantwoordingsvennoot of gebedspan** vir dieper gevalle

Hoe om dit met groepe of kerke te gebruik

- Ontmoet **daagliks of weekliks** om insigte te bespreek en saam gebede te lei.
- Moedig lede aan om die **Refleksiejoernaal** voor groepsessies te voltooi.
- Gebruik die **Groepaansoek-** afdeling om bespreking, belydenis of korporatiewe verlossingsoomblikke aan te wakker.
- Wys opgeleide leiers aan om meer intense manifestasies te hanteer.

Vir Pastore, Leiers en Bevrydingspredikante

- Leer die daaglikse onderwerpe vanaf die kansel of in bevrydingsopleidingskole.
- Rus jou span toe om hierdie oordenking as 'n beradingsgids te gebruik.
- Pas afdelings aan soos nodig vir geestelike kartering, herlewingsbyeenkomste of stadsgebedsveldtogte.

Aanhangsels om te verken

Aan die einde van die boek sal jy kragtige bonusbronne vind, insluitend:

1. **Daaglikse Verklaring van Totale Verlossing** – Spreek dit hardop elke oggend en aand.
2. **Media-verloëningsgids** – Ontgift jou lewe van geestelike besoedeling in vermaak.
3. **Gebed om Verborge Altare in Kerke te Onderskei** – Vir voorbidders en kerkwerkers.
4. **Vrymesselary, Kabbalah, Kundalini & Okkultiese**

Verloëningskrif – Kragtige berou-gebede.
5. **Massa-bevrydingskontrolelys** – Gebruik in kruistogte, huisgenootskappe of persoonlike retraites.
6. **Getuienis Video Skakels**

Voorwoord

Daar is 'n oorlog – ongesiens, onuitgesproke, maar fel werklik – wat woed oor die siele van mans, vroue, kinders, gesinne, gemeenskappe en nasies.

Hierdie boek is nie uit teorie gebore nie, maar uit vuur. Uit huilende verlossingskamers. Uit getuienisse wat in skaduwees gefluister en van dakke af geskree word. Uit diep studie, wêreldwye voorbidding, en 'n heilige frustrasie met oppervlakkige Christendom wat nie daarin slaag om die **wortels van duisternis wat** gelowiges steeds verstrengel, aan te spreek nie.

Te veel mense het aan die kruis gekom, maar sleep steeds kettings. Te veel pastore preek vryheid terwyl hulle in die geheim gepynig word deur demone van wellus, vrees of voorvaderlike verbonde. Te veel gesinne is vasgevang in siklusse – van armoede, perversie, verslawing, onvrugbaarheid, skaamte – en **weet nie hoekom nie**. En heeltemal te veel kerke vermy dit om oor demone, heksery, bloedaltare of verlossing te praat omdat dit "te intens" is.

Maar Jesus het nie die duisternis vermy nie – Hy **het dit gekonfronteer**.

Hy het demone nie geïgnoreer nie – Hy **het hulle uitgedryf**.

En Hy het nie net gesterf om jou te vergewe nie – Hy het gesterf om **jou te bevry**.

Hierdie 40-dae wêreldwye oordenking is nie 'n informele Bybelstudie nie. Dit is 'n **geestelike operasiekamer**. 'n Joernaal van vryheid. 'n Kaart uit die hel vir diegene wat vasgevang voel tussen verlossing en ware vryheid. Of jy nou 'n tiener is wat deur pornografie gebind word, 'n Eerste Dame wat geteister word deur drome van slange, 'n Eerste Minister wat deur voorvaderlike skuld gekwel word, 'n profeet wat geheime slawerny wegsteek, of 'n kind wat uit demoniese drome wakker word – hierdie reis is vir jou.

Jy sal stories van regoor die wêreld vind – Afrika, Asië, Europa, Noord- en Suid-Amerika – wat almal een waarheid bevestig: **die duiwel is geen aannemer**

van persoon nie. Maar God ook nie. En wat Hy vir ander gedoen het, kan Hy vir jou doen.

Hierdie boek is geskryf vir:

- **Individue wat** persoonlike verlossing soek
- **Families** wat generasie-genesing benodig
- **Pastore** en kerkwerkers benodig toerusting
- **Sakeleiers** navigeer geestelike oorlogvoering in hoë plekke
- **Nasies** roep uit vir ware herlewing
- **Jongmense** wat onwetend deure oopgemaak het
- **Bevrydingspredikante** wat struktuur en strategie benodig
- En selfs **diegene wat nie in demone glo nie** – totdat hulle hul eie storie op hierdie bladsye lees

Jy sal uitgedaag word. Jy sal uitgedaag word. Maar as jy op die pad bly, sal jy ook **getransformeer word**.

Jy gaan nie net vrybreek nie.

Jy gaan **in heerskappy wandel**.

Kom ons begin.

— *Zacharias Godseagle , Ambassadeur Monday O. Ogbe , en Comfort Ladi Ogbe*

Voorwoord

Daar is 'n beroering in die nasies. 'n Bewing in die geesteryk. Van kansels tot parlemente, woonkamers tot ondergrondse kerke, mense oral word wakker tot 'n ysingwekkende waarheid: ons het die bereik van die vyand onderskat – en ons het die gesag wat ons in Christus dra, misverstaan.

Van Duisternis na Heerskappy is nie net 'n oordenking nie; dit is 'n wekroep. 'n Profetiese handleiding. 'n Reddingsboei vir die gekwelde, die gebonde en die opregte gelowige wat wonder: "Waarom is ek nog steeds in kettings?"

As iemand wat herlewing en verlossing oor nasies heen gesien het, weet ek eerstehands dat die Kerk nie 'n tekort aan kennis het nie – ons het 'n tekort aan geestelike **bewustheid**, **vrymoedigheid** en **dissipline**. Hierdie werk oorbrug daardie gaping. Dit weef wêreldwye getuienisse, harde waarheid, praktiese aksie en die krag van die kruis saam in 'n 40-dae lange reis wat die stof van sluimerende lewens sal afskud en vuur in die vermoeides sal aansteek.

Vir die pastoor wat dit waag om altare te konfronteer, vir die jong volwassene wat stilweg teen demoniese drome veg, vir die sake-eienaar wat verstrengel is in ongesiene verbonde, en vir die leier wat weet iets is *geestelik verkeerd,* maar dit nie kan benoem nie – hierdie boek is vir jou.

Ek dring daarop aan dat jy dit nie passief lees nie. Laat elke bladsy jou gees uitlok. Laat elke storie oorlogvoering baar. Laat elke verklaring jou mond oplei om met vuur te spreek. En wanneer jy deur hierdie 40 dae gestap het, moenie net jou vryheid vier nie – word 'n instrument vir die vryheid van ander.

Want ware heerskappy is nie net om uit die duisternis te ontsnap nie...
Dit is om om te draai en ander na die lig te sleep.
In Christus se Gesag en Mag,
Ambassadeur Ogbe

Inleiding

VAN DUISTERNIS TOT HEERSKAPPY: 40 Dae om Bevry te Breek van die Verborge Greep van Duisternis is nie net nog 'n oordenking nie—dis 'n wêreldwye wekroep.

Oor die hele wêreld – van plattelandse dorpies tot presidensiële paleise, kerkaltare tot raadsale – roep mans en vroue uit vir vryheid. Nie net verlossing nie. **Verlossing. Duidelikheid. Deurbraak. Heelheid. Vrede. Mag.**

Maar hier is die waarheid: Jy kan nie uitwerp wat jy verdra nie. Jy kan nie losbreek van wat jy nie kan sien nie. Hierdie boek is jou lig in daardie duisternis.

Vir 40 dae sal jy deur leringe, stories, getuienisse en strategiese aksies wandel wat die verborge werkinge van die duisternis blootlê en jou bemagtig om te oorwin – gees, siel en liggaam.

Of jy nou 'n pastoor, uitvoerende hoof, sendeling, voorbidder, tiener, moeder of staatshoof is, die inhoud van hierdie boek sal jou konfronteer. Nie om jou te beskaam nie – maar om jou te bevry en jou voor te berei om ander in vryheid te lei.

Dit is 'n **wêreldwye oordenking van bewustheid, verlossing en krag** – gewortel in die Skrif, verskerp deur werklike vertellings en deurdrenk in die bloed van Jesus.

Hoe om hierdie oordenking te gebruik

1. **Begin met die 5 Fundamentele Hoofstukke.**
   Hierdie hoofstukke lê die grondslag. Moenie hulle oorslaan nie. Hulle sal jou help om die geestelike argitektuur van duisternis te verstaan en die gesag wat jy gegee is om daarbo uit te styg.
2. **Loop Doelbewus Deur Elke Dag**
   Elke daaglikse inskrywing sluit 'n fokustema, globale manifestasies, 'n ware storie, Skrifgedeeltes, 'n aksieplan, groeptoepassingsidees, sleutelinsigte, joernaalaanwysings en 'n kragtige gebed in.

3. **Sluit Elke Dag Af Met die Daaglikse 360° Verklaring**
   Aan die einde van hierdie boek, is hierdie kragtige verklaring ontwerp om jou vryheid te versterk en jou geestelike poorte te beskerm.
4. **Gebruik dit alleen of in groepe.**
   Of jy nou individueel of in 'n groep, huisgemeenskap, voorbiddingspan of bevrydingsbediening hierdeur gaan – laat die Heilige Gees toe om die tempo te lei en die strydplan te personaliseer.
5. **Verwag Teenstand—en Deurbraakweerstand**
   sal kom. Maar vryheid ook. Verlossing is 'n proses, en Jesus is daartoe verbind om dit saam met jou te stap.

GRONDSLAGHOOFSTUKKE (Lees voor dag 1)

1. Oorsprong van die Donker Koninkryk

Van Lucifer se rebellie tot die opkoms van demoniese hiërargieë en territoriale geeste, volg hierdie hoofstuk die Bybelse en geestelike geskiedenis van duisternis. Om te verstaan waar dit begin het, help jou om te herken hoe dit werk.

2. Hoe die Donker Koninkryk Vandag Werk

Van verbonde en bloedoffers tot altare, mariene geeste en tegnologiese infiltrasie, hierdie hoofstuk ontbloot die moderne gesigte van antieke geeste – insluitend hoe media, tendense en selfs godsdiens as kamoeflering kan dien.

3. Toegangspunte: Hoe mense verslaaf raak

Niemand word per ongeluk in slawerny gebore nie. Hierdie hoofstuk ondersoek deurgange soos trauma, voorvaderlike altare, blootstelling aan heksery, sielsbande, okkulte nuuskierigheid, Vrymesselary, valse spiritualiteit en kulturele praktyke.

4. Manifestasies: Van Besit tot Obsessie

Hoe lyk slawerny? Van nagmerries tot huweliksvertraging, onvrugbaarheid, verslawing, woede en selfs "heilige lag", hierdie hoofstuk onthul hoe demone hulself as probleme, gawes of persoonlikhede vermom.

5. Die Krag van die Woord: Gesag van Gelowiges

Voordat ons die 40-dae oorlogvoering begin, moet jy jou wetlike regte in Christus verstaan. Hierdie hoofstuk bewapen jou met geestelike wette, wapens van oorlogvoering, skriftuurlike protokolle en die taal van verlossing.

'N LAASTE AANMOEDIGING VOORDAT JY BEGIN

God roep jou nie om duisternis te *bestuur nie*. Hy roep jou om dit te **oorheers**.

Nie deur mag, nie deur krag nie, maar deur Sy Gees.

Laat hierdie volgende 40 dae meer as net 'n oordenking wees.

Laat dit 'n begrafnis wees vir elke altaar wat jou eens beheer het ... en 'n kroning in die bestemming wat God vir jou bestem het.

Jou heerskappyreis begin nou.

HOOFSTUK 1: OORSPRONG VAN DIE DONKER KONINKRYK

"*Want ons worstelstryd is nie teen vlees en bloed nie, maar teen die owerhede, teen die magte, teen die wêreldheersers van die duisternis van hierdie wêreld, teen die bose geeste in die lug.*" – Efesiërs 6:12

Lank voordat die mensdom die verhoog van tyd betree het, het 'n onsigbare oorlog in die hemele uitgebreek. Dit was nie 'n oorlog van swaarde of gewere nie, maar van rebellie – 'n hoogverraad teen die heiligheid en gesag van die Allerhoogste God. Die Bybel onthul hierdie misterie deur verskeie gedeeltes wat sinspeel op die val van een van God se mooiste engele – **Lucifer**, die blinkende een – wat dit gewaag het om homself bo die troon van God te verhef (Jesaja 14:12–15, Esegiël 28:12–17).

Hierdie kosmiese rebellie het die **Donker Koninkryk geboorte gegee** – 'n ryk van geestelike weerstand en misleiding, bestaande uit gevalle engele (nou demone), owerhede en magte wat teen God se wil en God se mense in lyn was.

Die Val en Vorming van Duisternis

LUCIFER WAS NIE ALTYD boos nie. Hy is perfek geskape in wysheid en skoonheid. Maar trots het sy hart binnegedring, en trots het in rebellie verander. Hy het 'n derde van die hemel se engele mislei om hom te volg (Openbaring 12:4), en hulle is uit die hemel gewerp. Hul haat teenoor die mensdom is geworteld in jaloesie – want die mensdom is na God se beeld geskape en heerskappy gegee.

So het die oorlog tussen die **Koninkryk van Lig** en die **Koninkryk van Duisternis begin** – 'n ongesiene konflik wat elke siel, elke huis en elke nasie raak.

Die Donker Koninkryk se Globale Uitdrukking

ALHOEWEL ONSIGBAAR, is die invloed van hierdie donker koninkryk diep ingebed in:

- **Kulturele tradisies** (voorvaderlike aanbidding, bloedoffers, geheime genootskappe)
- **Vermaak** (subliminale boodskappe, okkulte musiek en vertonings)
- **Bestuur** (korrupsie, bloedverbonde, ede)
- **Tegnologie** (gereedskap vir verslawing, beheer, gedagtemanipulasie)
- **Onderwys** (humanisme, relativisme, valse verligting)

Van Afrikaanse juju tot Westerse nuwe era-mistiek, van Midde-Oosterse djinn-aanbidding tot Suid-Amerikaanse sjamanisme, die vorme verskil, maar die **gees is dieselfde** – misleiding, oorheersing en vernietiging.

Waarom hierdie boek nou saak maak

SATAN SE GROOTSTE TRUUK is om mense te laat glo dat hy nie bestaan nie – of erger nog, dat sy weë onskadelik is.

Hierdie oordenking is 'n **handleiding oor geestelike intelligensie** – dit lig die sluier op, ontbloot sy skemas en bemagtig gelowiges oor kontinente heen om:

- **Herken** toegangspunte
- Verloën **verborge verbonde**
- **Weerstaan** met gesag
- **Herwin** wat gesteel is

Jy is in 'n stryd gebore

HIERDIE IS NIE 'N OORDENKING vir die flouhartiges nie. Jy is in 'n slagveld gebore, nie 'n speelgrond nie. Maar die goeie nuus is: **Jesus het reeds die oorlog gewen!**

"Hy het die heersers en maghebbers ontwapen en hulle in die openbaar in skande gebring deur in Hom oor hulle te triomfeer." – Kolossense 2:15

Jy is nie 'n slagoffer nie. Jy is meer as 'n oorwinnaar deur Christus. Kom ons ontbloot die duisternis – en wandel met vrymoedigheid in die lig.

Sleutel Insig

Die oorsprong van duisternis is trots, rebellie en die verwerping van God se heerskappy. Hierdie selfde sade werk steeds vandag in die harte van mense en stelsels. Om geestelike oorlogvoering te verstaan, moet ons eers verstaan hoe die rebellie begin het.

Refleksiejoernaal

- Het ek geestelike oorlogvoering as bygelowigheid afgemaak?
- Watter kulturele of familiepraktyke het ek genormaliseer wat moontlik gekoppel kan wees aan antieke rebellie?
- Verstaan ek werklik die oorlog waarin ek gebore is?

Gebed van Verligting

Hemelse Vader, openbaar aan my die verborge wortels van rebellie rondom en binne-in my. Ontbloot die leuens van duisternis wat ek onwetend omhels het. Laat u waarheid in elke skaduryke plek skyn. Ek kies die Koninkryk van Lig. Ek kies om in waarheid, krag en vryheid te wandel. In Jesus se Naam. Amen.

HOOFSTUK 2: HOE DIE DONKER KONINKRYK VANDAG FUNKSIONEER

"*Sodat Satan nie die oorhand oor ons kry nie, want ons is met sy planne nie onbekend nie.*" – 2 Korintiërs 2:11

Die koninkryk van die duisternis opereer nie lukraak nie. Dit is 'n goed georganiseerde, diepgelaagde geestelike infrastruktuur wat militêre strategie weerspieël. Die doel daarvan: infiltreer, manipuleer, beheer en uiteindelik vernietig. Net soos die Koninkryk van God rang en orde het (apostels, profete, ens.), so ook die koninkryk van die duisternis – met owerhede, magte, heersers van die duisternis en geestelike boosheid in die lug (Efesiërs 6:12).

Die Donker Koninkryk is nie 'n mite nie. Dit is nie folklore of godsdienstige bygeloof nie. Dit is 'n onsigbare maar werklike netwerk van geestelike agente wat stelsels, mense en selfs kerke manipuleer om Satan se agenda te vervul. Terwyl baie mense hooivurke en rooi horings verbeel, is die werklike werking van hierdie koninkryk baie meer subtiel, sistematies en onheilspellend.

1. Misleiding is hul geldeenheid

Die vyand dryf handel in leuens. Van die Tuin van Eden (Genesis 3) tot hedendaagse filosofieë, het Satan se taktiek nog altyd gedraai om twyfel in God se Woord te plant. Vandag verskyn misleiding in die vorm van:

- *Nuwe Era-leerstellings vermom as verligting*
- *Okkultiese praktyke verbloem as kulturele trots*
- *Heksery verheerlik in musiek, films, spotprente en sosiale media-tendense*

Mense neem onwetend deel aan rituele of verbruik media wat geestelike deure oopmaak sonder onderskeidingsvermoë.

2. Hiërargiese Struktuur van die Kwaad

Net soos God se Koninkryk orde het, funksioneer die donker koninkryk onder 'n gedefinieerde hiërargie:

- **Vorstedomme** – Territoriale geeste wat nasies en regerings beïnvloed
- **Magte** – Agente wat goddeloosheid deur demoniese stelsels afdwing
- **Heersers van Duisternis** – Koördineerders van geestelike blindheid, afgodery, valse godsdiens
- **Geestelike Goddeloosheid in Hoë Plekke** – Elite-vlak entiteite wat globale kultuur, rykdom en tegnologie beïnvloed

Elke demoon spesialiseer in sekere take – vrees, verslawing, seksuele perversie, verwarring, trots, verdeeldheid.

3. Instrumente van Kulturele Beheer

Die duiwel hoef nie meer fisies te verskyn nie. Die kultuur doen nou die swaar werk. Sy strategieë vandag sluit in:

- **Subliminale Boodskappe:** Musiek, programme, advertensies vol versteekte simbole en omgekeerde boodskappe
- **Desensibilisering:** Herhaalde blootstelling aan sonde (geweld, naaktheid, godslastering) totdat dit "normaal" word.
- **Mind Control-tegnieke:** Deur middel van media-hipnose, emosionele manipulasie en verslawende algoritmes

Dit is nie toevallig nie. Dit is strategieë wat ontwerp is om morele oortuigings te verswak, gesinne te vernietig en waarheid te herdefinieer.

4. Generasie-ooreenkomste en bloedlyne

Deur drome, rituele, toewydings of voorvaderlike ooreenkomste is baie mense onwetend in lyn met die duisternis. Satan maak gebruik van:

- Familie-altare en voorvaderlike afgode
- Naamgewingseremonies wat geeste oproep
- Geheime familiesondes of vloeke wat oorgedra is

Dit maak wettige gronde vir lyding oop totdat die verbond deur die bloed van Jesus verbreek word .

5. Valse Wonderwerke, Valse Profete

Die Donker Koninkryk is lief vir godsdiens – veral as dit waarheid en mag kortkom. Valse profete, verleidende geeste en nagemaakte wonderwerke mislei die massas:

"Want Satan self verander hom in 'n engel van die lig." – 2 Korintiërs 11:14
Baie volg vandag stemme wat hulle ore kielie, maar hulle siele bind.

Sleutel Insig

Die duiwel is nie altyd hard nie – soms fluister hy deur kompromie. Die Donker Koninkryk se grootste taktiek is om mense te oortuig dat hulle vry is, terwyl hulle subtiel verslaaf is.

Refleksiejoernaal:

- Waar het jy hierdie operasies in jou gemeenskap of nasie gesien?
- Is daar programme, musiek, toepassings of rituele wat jy genormaliseer het wat eintlik instrumente van manipulasie kan wees?

Gebed van Bewustheid en Bekering:

Here Jesus, maak my oë oop om die werkinge van die vyand te sien. Ontbloot elke leuen wat ek geglo het. Vergewe my vir elke deur wat ek oopgemaak het, wetend of onwetend. Ek verbreek ooreenkoms met die duisternis en kies U waarheid, U krag en U vryheid. In Jesus se Naam. Amen.

HOOFSTUK 3: TOEGANGSPUNTE – HOE MENSE VERSLAAF RAAK

"*Moenie die duiwel 'n vastrapplek gee nie.*" – Efesiërs 4:27

In elke kultuur, generasie en huis is daar verborge openinge – poorte waardeur geestelike duisternis inkom. Hierdie toegangspunte mag aanvanklik onskadelik lyk: 'n kinderspeletjie, 'n gesinsritueel, 'n boek, 'n fliek, 'n onopgeloste trauma. Maar sodra hulle oopgemaak is, word hulle wettige grond vir demoniese invloed.

Algemene toegangspunte

1. **Bloedlynverbonde** – Voorvaderlike ede, rituele en afgodery wat toegang aan bose geeste oordra.
2. **Vroeë Blootstelling aan Okkulte** – Soos in die verhaal van *Lourdes Valdivia* van Bolivia, raak kinders wat aan heksery, spiritualisme of okkulte rituele blootgestel word, dikwels geestelik gekompromitteer.
3. **Media en Musiek** – Liedjies en films wat duisternis, sensualiteit of rebellie verheerlik, kan subtiel geestelike invloed uitlok.
4. **Trauma en Mishandeling** – Seksuele mishandeling, gewelddadige trauma of verwerping kan die siel oopbreek vir onderdrukkende geeste.
5. **Seksuele Sonde en Sielsbande** – Onwettige seksuele verbintenisse skep dikwels geestelike bande en oordrag van geeste.
6. **Nuwe Era & Valse Godsdiens** – Kristalle, joga, geesgidse, horoskope en "wit heksery" is versluierde uitnodigings.
7. **Bitterheid en Onvergewensgesindheid** – Dit gee demoniese geeste 'n wettige reg op pyniging (sien Matteus 18:34).

Globale Getuienishoogtepunt: *Lourdes Valdivia (Bolivia)*

Op slegs 7 jaar oud is Lourdes deur haar ma, 'n langdurige okkultis, aan heksery bekendgestel. Haar huis was vol simbole, bene van begraafplase en magiese boeke. Sy het astrale projeksie, stemme en pyniging ervaar voordat sy uiteindelik Jesus gevind en vrygelaat is. Haar storie is een van vele – wat bewys hoe vroeë blootstelling en generasie-invloed deure oopmaak vir geestelike slawerny.

Groter Uitbuitingsverwysing:

Stories van hoe mense onwetend deure oopgemaak het deur "onskadelike" aktiwiteite – net om in duisternis vasgevang te word – kan gevind word in *Greater Exploits 14* en *Delivered from the Power of Darkness*. (Sien bylaag)

Sleutel Insig

Die vyand bars selde in. Hy wag vir 'n deur om oopgebreek te word. Wat onskuldig, geërfd of vermaaklik voel, kan soms die einste poort wees wat die vyand nodig het.

Refleksiejoernaal

- Watter oomblikke in my lewe kon as geestelike toegangspunte gedien het?
- Is daar "onskadelike" tradisies of voorwerpe wat ek moet laat vaar?
- Moet ek enigiets uit my verlede of familielyn prysgee?

Gebed van Verloëning

Vader, ek maak elke deur toe wat ek of my voorouers dalk vir duisternis oopgemaak het. Ek verloën alle ooreenkomste, sielsbande en blootstelling aan enigiets onheiligs. Ek breek elke ketting deur die bloed van Jesus. Ek verklaar dat my liggaam, siel en gees aan Christus alleen behoort. In Jesus se Naam. Amen.

HOOFSTUK 4: MANIFESTASIES – VAN BESIT TOT OBSESSIE

"*Wanneer 'n onrein gees uit 'n mens uitgaan, gaan hy deur dor plekke op soek na rus, maar hy vind dit nie. Dan sê hy: 'Ek sal teruggaan na die huis wat ek verlaat het.'*" — Matteus 12:43

Sodra 'n persoon onder die invloed van die donker koninkryk kom, wissel manifestasies gebaseer op die vlak van demoniese toegang wat verleen word. Die geestelike vyand is nie tevrede met besoeking nie - sy uiteindelike doel is bewoning en oorheersing.

Vlakke van Manifestasie

1. **Invloed** – Die vyand verkry invloed deur gedagtes, emosies en besluite.
2. **Onderdrukking** – Daar is eksterne druk, swaarmoedigheid, verwarring en pyniging.
3. **Obsessie** – Die persoon raak gefikseer op donker gedagtes of kompulsiewe gedrag.
4. **Besetenheid** – In seldsame maar werklike gevalle neem demone intrek en oorheers 'n persoon se wil, stem of liggaam.

Die graad van manifestasie word dikwels gekoppel aan die diepte van geestelike kompromie.

Globale Gevallestudies van Manifestasie

- **Afrika:** Gevalle van geestelike man/vrou, waansin, rituele diensbaarheid.
- **Europa:** Nuwe era hipnose, astrale projeksie en geesfragmentasie.
- **Asië:** Voorvaderlike sielsbande, reïnkarnasie-strikke en

bloedlynbeloftes.
- **Suid-Amerika:** Sjamanisme, geesgidse, psigiese leesverslawing.
- **Noord-Amerika:** Heksery in die media, "onskadelike" horoskope, substansiepoorte.
- **Midde-Ooste:** Djinn-ontmoetings, bloedede en profetiese namaaksels.

Elke kontinent bied sy unieke vermomming van dieselfde demoniese stelsel aan – en gelowiges moet leer hoe om die tekens te herken.

Algemene simptome van demoniese aktiwiteit

- Herhalende nagmerries of slaapverlamming
- Stemme of geestelike pyn
- Kompulsiewe sonde en herhaalde terugval
- Onverklaarbare siektes, vrees of woede
- Bonatuurlike krag of kennis
- Skielike afkeer van geestelike dinge

Sleutel Insig

Wat ons "geestelike", "emosionele" of "mediese" probleme noem, kan soms geestelik wees. Nie altyd nie – maar dikwels genoeg dat onderskeidingsvermoë noodsaaklik is.

Refleksiejoernaal

- Het ek herhalende stryde opgemerk wat geestelik van aard lyk?
- Is daar generasiepatrone van vernietiging in my familie?
- Watter soort media, musiek of verhoudings laat ek in my lewe toe?

Gebed van Verloëning

Here Jesus, ek verloën elke verborge ooreenkoms, oop deur en goddelose verbond in my lewe. Ek verbreek bande met enigiets wat nie van U is nie – wetend of onwetend. Ek nooi die vuur van die Heilige Gees om elke spoor van duisternis in my lewe te verteer. Maak my heeltemal vry. In U magtige Naam. Amen.

HOOFSTUK 5: DIE KRAG VAN DIE WOORD – DIE OUTORITEIT VAN GELOWIGES

"*Kyk, Ek gee aan julle die mag om op slange en skerpioene te trap, en oor al die krag van die vyand; en niks sal julle ooit skade doen nie.*" – Lukas 10:19 (OAV)

Baie gelowiges leef in vrees vir duisternis omdat hulle nie die lig verstaan wat hulle dra nie. Tog openbaar die Skrif dat die **Woord van God nie net 'n swaard is nie (Efesiërs 6:17)** – dit is vuur (Jeremia 23:29), 'n hamer, 'n saad en die lewe self. In die stryd tussen lig en duisternis is diegene wat die Woord ken en verkondig nooit slagoffers nie.

Wat is hierdie krag?

Die mag wat gelowiges dra, is **gedelegeerde gesag**. Soos 'n polisiebeampte met 'n kenteken, staan ons nie op ons eie krag nie, maar in die **naam van Jesus** en deur die Woord van God. Toe Jesus Satan in die woestyn verslaan het, het Hy nie geskree, gehuil of paniekerig geraak nie – Hy het eenvoudig gesê: "*Daar staan geskrywe.*"

Dit is die patroon vir alle geestelike oorlogvoering.

Waarom baie Christene verslaan bly

1. **Onkunde** – Hulle weet nie wat die Woord oor hulle identiteit sê nie.
2. **Stilte** – Hulle verklaar nie God se Woord oor situasies nie.
3. **Inkonsekwentheid** – Hulle leef in siklusse van sonde, wat vertroue en toegang ondermyn.

Oorwinning gaan nie daaroor om harder te skree nie; dit gaan daaroor om **dieper te glo** en **met vrymoedigheid te verklaar**.

Gesag in Aksie – Globale Stories

- **Nigerië:** 'n Jong seun wat in kultisme vasgevang was, is gered toe sy ma aanhoudend sy kamer gesalf het en elke aand Psalm 91 gespreek het.
- **Verenigde State:** 'n Voormalige Wicca het heksery laat vaar nadat 'n kollega maande lank daagliks stilweg geskrifte oor haar werkruimte verklaar het.
- **Indië:** 'n Gelowige het Jesaja 54:17 verklaar terwyl hy voortdurend swartmagie-aanvalle in die gesig gestaar het — die aanvalle het opgehou, en die aanvaller het bely.
- **Brasilië:** 'n Vrou het daaglikse verklarings van Romeine 8 oor haar selfmoordgedagtes gebruik en in bonatuurlike vrede begin wandel.

Die Woord is lewend. Dit het nie ons volmaaktheid nodig nie, net ons geloof en belydenis.

Hoe om die Woord in oorlogvoering te gebruik

1. **Memoriseer Skrifgedeeltes** wat verband hou met identiteit, oorwinning en beskerming.
2. **Spreek die Woord hardop**, veral tydens geestelike aanvalle.
3. **Gebruik dit in gebed** en verklaar God se beloftes oor situasies.
4. **Vas + Bid** met die Woord as jou anker (Matteus 17:21).

Fundamentele Skrifgedeeltes vir Oorlogvoering

- *2 Korintiërs 10:3–5* – Vestings word afgebreek
- *Jesaja 54:17* – Geen wapen wat gesmee word, sal voorspoedig wees nie.
- *Lukas 10:19* – Mag oor die vyand
- *Psalm 91* – Goddelike beskerming
- *Openbaring 12:11* – Oorwin deur die bloed en getuienis

Sleutel Insig

Die Woord van God in jou mond is so kragtig soos die Woord in God se mond – wanneer dit in geloof gespreek word.

Refleksiejoernaal

- Ken ek my geestelike regte as 'n gelowige?
- Op watter Skrifgedeeltes staan ek vandag aktief?
- Het ek toegelaat dat vrees of onkunde my gesag stilmaak?

Gebed van Bemagtiging

Vader, maak my oë oop vir die gesag wat ek in Christus het. Leer my om U Woord met vrymoedigheid en geloof te gebruik. Waar ek vrees of onkunde toegelaat het om te heers, laat openbaring kom. Ek staan vandag as 'n kind van God, gewapen met die Swaard van die Gees. Ek sal die Woord spreek. Ek sal in oorwinning staan. Ek sal die vyand nie vrees nie – want groter is Hy wat in my is. In Jesus se Naam. Amen.

DAG 1: BLOEDLYNE & HEKKE — VERBREK FAMILIEKETTINGS

"*Ons vaders het gesondig en is daar nie meer nie, en ons dra hulle straf.*" – Klaagliedere 5:7

Jy mag dalk gered wees, maar jou bloedlyn het steeds 'n geskiedenis – en totdat die ou verbonde verbreek word, bly hulle praat.

Oor elke kontinent is daar verborge altare, voorvaderlike ooreenkomste, geheime geloftes en geërfde ongeregtighede wat aktief bly totdat hulle spesifiek aangespreek word. Wat met oupagrootjies begin het, mag steeds die lotgevalle van vandag se kinders eis.

Globale Uitdrukkings

- **Afrika** – Familiegode, orakels, generasie-heksery, bloedoffers.
- **Asië** – Vooroueraanbidding, reïnkarnasiebande, karmakettings.
- **Latyns-Amerika** – Santeria, doodsaltare, sjamanistiese bloedede.
- **Europa** – Vrymesselary, heidense wortels, bloedlynpakte.
- **Noord-Amerika** – Nuwe era erfenisse, Vrymesselaarslyn, okkulte voorwerpe.

Die vloek duur voort totdat iemand opstaan en sê: "Nie meer nie!"

'n Dieper Getuienis – Genesing van die Wortels af

'n Vrou van Wes-Afrika het, nadat sy *Greater Exploits 14 gelees het* , besef dat haar chroniese miskrame en onverklaarbare pyniging gekoppel was aan haar oupa se posisie as 'n heiligdompriester. Sy het Christus jare gelede aangeneem, maar nooit die familieverbonde hanteer nie.

Na drie dae van gebed en vas, is sy gelei om sekere erfstukke te vernietig en verbonde te verloën deur Galasiërs 3:13 te gebruik. Daardie selfde maand het sy swanger geraak en 'n kind voltermyn gedra. Vandag lei sy ander in genesings- en bevrydingsbediening.

Nog 'n man in Latyns-Amerika, uit die boek *Delivered from the Power of Darkness**, het vryheid gevind nadat hy 'n Vrymesselary-vloek wat in die geheim van sy oupagrootjie oorgedra is, verwerp het. Toe hy Skrifgedeeltes soos Jesaja 49:24-26 begin toepas en begin bid het vir verlossing, het sy geestelike pyniging opgehou en vrede is in sy huis herstel.

Hierdie stories is nie toevallig nie – hulle is getuienisse van waarheid in aksie.

Aksieplan – Gesinsinventaris

1. Skryf alle bekende familie-oortuigings, praktyke en affiliasies neer – godsdienstige, mistieke of geheime samelewings.
2. Vra God vir openbaring van verborge altare en verbonde.
3. Vernietig en gooi gebedsvol enige voorwerp weg wat met afgodery of okkulte praktyke verband hou.
4. Vas soos gelei en gebruik die onderstaande Skrifgedeeltes om wettige grond te breek:
    - *Levitikus 26:40-42*
    - *Jesaja 49:24-26*
    - *Galasiërs 3:13*

GROEPBESPREKING EN -toepassing

- Watter algemene gesinsgebruike word dikwels as onskadelik oor die hoof gesien, maar kan geestelik gevaarlik wees?
- Laat lede anoniem (indien nodig) enige drome, voorwerpe of herhalende siklusse in hul bloedlyn deel.
- Groepgebed van verloëning — elke persoon kan die naam van die familie of saak wat verloën word, noem.

Bedieningsgereedskap: Bring salfolie. Bied nagmaal aan. Lei die groep in 'n verbondsgebed van vervanging — en dra elke familielyn aan Christus op.

Sleutel Insig

Wedergeboorte red jou gees. Om familieverbonde te verbreek, bewaar jou bestemming.

Refleksiejoernaal

- Wat loop in my familie? Wat moet by my ophou?
- Is daar items, name of tradisies in my huis wat moet gaan?
- Watter deure het my voorvaders oopgemaak wat ek nou moet toemaak?

Gebed van Vrystelling

Here Jesus, ek dank U vir U bloed wat beter dinge spreek. Vandag verwerp ek elke verborge altaar, familieverbond en geërfde slawerny. Ek breek die kettings van my bloedlyn en verklaar dat ek 'n nuwe skepping is. My lewe, familie en bestemming behoort nou aan U alleen. In Jesus se Naam. Amen.

DAG 2: DROOMINVASIES — WANNEER DIE NAG 'N SLAGVELD WORD

"*Terwyl die mense geslaap het, het sy vyand gekom en onkruid tussen die koring gesaai en weggegaan.*" – Matteus 13:25

Vir baie vind die grootste geestelike oorlogvoering nie plaas terwyl hulle wakker is nie – dit gebeur wanneer hulle slaap.

Drome is nie net lukrake breinaktiwiteit nie. Hulle is geestelike poorte waardeur waarskuwings, aanvalle, verbonde en bestemmings uitgeruil word. Die vyand gebruik slaap as 'n stille slagveld om vrees, wellus, verwarring en vertraging te saai – alles sonder weerstand omdat die meeste mense onbewus is van die oorlogvoering.

Globale Uitdrukkings

- **Afrika** – Geestelike eggenote, slange, eet in drome, maskerades.
- **Asië** – Voorvaderlike ontmoetings, doodsdrome, karmiese pyniging.
- **Latyns-Amerika** – Dierlike demone, skaduwees, slaapverlamming.
- **Noord-Amerika** – Astrale projeksie, uitheemse drome, trauma-herhalings.
- **Europa** – Gotiese manifestasies, seksdemone (incubus/succubus), sielfragmentasies.

As Satan jou drome kan beheer, kan hy jou lotsbestemming beïnvloed.

Getuienis – Van Nagtelike Terreur tot Vrede

'n Jong vrou van die Verenigde Koninkryk het 'n e-pos gestuur nadat sy *Ex-Satanist: The James Exchange* gelees het . Sy het vertel hoe sy jare lank geteister is deur drome om gejaag, deur honde gebyt of met vreemde mans te slaap – altyd gevolg deur terugslae in die werklike lewe. Haar verhoudings het misluk, werksgeleenthede het verdamp, en sy was voortdurend uitgeput.

Deur vas en die bestudering van Skrifgedeeltes soos Job 33:14–18, het sy ontdek dat God dikwels deur drome praat – maar die vyand ook. Sy het begin om haar kop met olie te salf, bose drome hardop te verwerp wanneer sy wakker word, en 'n droomjoernaal te hou. Geleidelik het haar drome duideliker en vreedsaam geword. Vandag lei sy 'n ondersteuningsgroep vir jong vroue wat aan droomaanvalle ly.

'n Nigeriese sakeman het, nadat hy na 'n YouTube-getuienis geluister het, besef dat sy droom om elke aand kos bedien te word, gekoppel is aan heksery. Elke keer as hy die kos in sy droom aanvaar het, het dinge in sy besigheid verkeerd geloop. Hy het geleer om die kos onmiddellik in die droom te verwerp, in tale te bid voor slaaptyd, en sien nou eerder goddelike strategieë en waarskuwings.

Aksieplan – Versterk Jou Nagwagte

1. **Voor slaaptyd:** Lees die Skrifte hardop. Aanbid. Salf jou hoof met olie.
2. **Droomjoernaal:** Skryf elke droom neer wanneer jy wakker word – goed of sleg. Vra die Heilige Gees vir interpretasie.
3. **Verwerp en verloën:** Indien die droom seksuele aktiwiteit, oorlede familielede, eet of slawerny behels — verloën dit onmiddellik in gebed.
4. **Skrifoorlogvoering:**
    - *Psalm 4:8* — Rustige slaap
    - *Job 33:14–18* — God spreek deur drome
    - *Matteus 13:25* — Vyand saai onkruid
    - *Jesaja 54:17* – Geen wapen is teen jou gesmee nie

Groepaansoek

- Deel onlangse drome anoniem. Laat die groep patrone en betekenisse onderskei.
- Leer lede hoe om bose drome mondelings te verwerp en goeies in gebed te verseël.
- Groepverklaring: "Ons verbied demoniese transaksies in ons drome, in Jesus se naam!"

Bedieningsgereedskap:

- Bring papier en penne vir droomjoernaalskryf.
- Demonstreer hoe om 'n mens se huis en bed te salf.
- Bied nagmaal aan as 'n verbondsseël vir die nag.

Sleutel Insig

Drome is óf poorte na goddelike ontmoetings óf demoniese lokvalle. Onderskeidingsvermoë is die sleutel.

Refleksiejoernaal

- Watter soort drome het ek gereeld ervaar?
- Neem ek tyd om oor my drome te besin?
- Het my drome my gewaarsku teen iets wat ek geïgnoreer het?

Gebed van die Nagwag

Vader, ek dra my drome aan U op. Laat geen bose mag in my slaap projekteer nie. Ek verwerp elke demoniese verbond, seksuele besoedeling of manipulasie in my drome. Ek ontvang goddelike besoek, hemelse instruksie en engelagtige beskerming terwyl ek slaap. Laat my nagte gevul wees met vrede, openbaring en krag. In Jesus se Naam, amen.

DAG 3: GEESTELIKE EGGEnote — ONHEILIGE VERBINDINGS WAT DIE LOODSKOMSTE VERBIND

"*Want jou Maker is jou man—die Here die Almagtige is sy Naam...*" — Jesaja 54:5

"*Hulle het hul seuns en hul dogters aan die duiwels geoffer.*" — Psalm 106:37

Terwyl baie uitroep vir 'n deurbraak in die huwelik, besef hulle nie dat hulle reeds in 'n **geestelike huwelik is** – een waartoe hulle nooit ingestem het nie.

Dit is **verbonde wat gevorm word deur drome, molestering, bloedrituele, pornografie, voorvaderlike ede of demoniese oordrag**. Die gees-eggenoot – incubus (manlik) of succubus (vroulik) – neem 'n wettige reg op die persoon se liggaam, intimiteit en toekoms aan, wat dikwels verhoudings blokkeer, huise vernietig, miskrame veroorsaak en verslawings aanvuur.

Globale Manifestasies

- **Afrika** – Mariene geeste (Mami Wata), geestelike vrouens/mans van waterkoninkryke.
- **Asië** – Hemelse huwelike, karmiese sielsgenootvloeke, gereïnkarneerde eggenote.
- **Europa** – Heksery-unies, demoniese minnaars van Vrymesselary of Druïde-wortels.
- **Latyns-Amerika** – Santeria-huwelike, liefdesspreuke, pakt-gebaseerde "geeshuwelike".
- **Noord-Amerika** – Pornografie-geïnduseerde spirituele portale, nuwe era-seksgeeste, ontvoerings deur vreemdelinge as manifestasies van incubus-ontmoetings.

Ware Stories — Die Stryd om Huweliksvryheid

Tolu, Nigerië.
Tolu was 32 en enkellopend. Elke keer as sy verloof geraak het, het die man skielik verdwyn. Sy het voortdurend daarvan gedroom om in uitgebreide seremonies te trou. In *Greater Exploits 14* het sy herken dat haar saak ooreengestem het met 'n getuienis wat daar gedeel is. Sy het 'n drie dae lange vas en nagtelike oorlogsgebede om middernag ondergaan, sielsbande verbreek en die seegees wat haar opgeëis het, uitgedryf. Vandag is sy getroud en berading aan ander.

Lina, Filippyne
Lina het dikwels snags 'n "teenwoordigheid" by haar gevoel. Sy het gedink sy verbeel haar dinge totdat kneusplekke sonder verduideliking op haar bene en dye begin verskyn het. Haar pastoor het 'n geestelike eggenoot onderskei. Sy het 'n vorige aborsie en pornografieverslawing bely en toe bevryding ondergaan. Sy help nou jong vroue om soortgelyke patrone in haar gemeenskap te identifiseer.

Aksieplan – Verbreking van die Verbond

1. **Bely** en bekeer jou van seksuele sondes, sielsbande, okkulte blootstelling of voorvaderlike rituele.
2. **Verwerp** alle geestelike huwelike in gebed — by naam, indien geopenbaar.
3. **Vas** vir 3 dae (of soos gelei) met Jesaja 54 en Psalm 18 as anker-skrifte.
4. **Vernietig** fisiese tekens: ringe, klere of geskenke wat gekoppel is aan vorige minnaars of okkulte verbintenisse.
5. **Verklaar hardop** :

Ek is nie met enige gees getroud nie. Ek is met Jesus Christus verbind. Ek verwerp elke demoniese verbintenis in my liggaam, siel en gees!

Skrifgereedskap

- Jesaja 54:4–8 – God as jou ware Man
- Psalm 18 – Die bande van die dood breek
- 1 Korintiërs 6:15–20 – Julle liggaam behoort aan die Here
- Hosea 2:6–8 – Verbreking van goddelose verbonde

Groepaansoek

- Vra groeplede: Het jy al ooit drome gehad van troues, seks met vreemdelinge of skaduryke figure in die nag?
- Lei 'n groepsverloëning van geestelike eggenote.
- Rolspeel 'n "egskeidingshof in die hemel" — elke deelnemer dien 'n geestelike egskeiding in gebed voor God in.
- Gebruik salfolie op die kop, maag en voete as simbole van reiniging, voortplanting en beweging.

Sleutel Insig

Demoniese huwelike is werklik. Maar daar is geen geestelike verbintenis wat nie deur die bloed van Jesus verbreek kan word nie.

Refleksiejoernaal

- Het ek herhalende drome van huwelik of seks gehad?
- Is daar patrone van verwerping, vertraging of miskraam in my lewe?
- Is ek bereid om my liggaam, seksualiteit en toekoms ten volle aan God oor te gee?

Gebed van Verlossing

Hemelse Vader, ek bely elke seksuele sonde, bekend of onbekend. Ek verwerp en verloën elke geestelike eggenoot, mariene gees of okkulte huwelik wat my lewe eis. Deur die krag in die bloed van Jesus, verbreek ek elke verbond, droomsaad en sielsband. Ek verklaar dat ek die Bruid van Christus is, afgesonder vir Sy heerlikheid. Ek wandel vry, in Jesus se Naam. Amen.

DAG 4: VERVLOEKTE VOORWERPE – DEURE WAT VERONTREINIG

"*Jy mag ook geen gruwel in jou huis inbring nie, sodat jy nie net so vervloek word nie.*" – Deuteronomium 7:26

'n Verborge Inskrywing wat Baie Ignoreer

Nie elke besitting is net 'n besitting nie. Sommige dinge dra geskiedenis. Ander dra geeste. Vervloekte voorwerpe is nie net afgode of artefakte nie – hulle kan boeke, juweliersware, standbeelde, simbole, geskenke, klere of selfs geërfde erfstukke wees wat eens aan donker magte toegewy was. Wat op jou rak, jou pols, jou muur is – mag dalk die einste toegangspunt vir pyniging in jou lewe wees.

Globale Waarnemings

- **Afrika** : Kalbasse, gelukbringers en armbande vasgemaak aan toordokters of voorvaderaanbidding.
- **Asië** : Amulette, sterrebeelde en tempel-aandenkings.
- **Latyns-Amerika** : Santería -halssnoere, poppe, kerse met inskripsies op die gees.
- **Noord-Amerika** : Tarotkaarte, Ouija-borde, droomvangers, gruwelmemorabilia.
- **Europa** : Heidense relieke, okkulte boeke, heksetema-bykomstighede.

'n Paartjie in Europa het skielik siekte en geestelike onderdrukking ervaar nadat hulle van vakansie in Bali teruggekeer het. Onbewus daarvan het hulle 'n gesnede standbeeld gekoop wat aan 'n plaaslike seegodheid toegewy was. Na gebed en onderskeiding het hulle die item verwyder en verbrand. Vrede het onmiddellik teruggekeer.

Nog 'n vrou uit die *Greater Exploits*- getuienisse het onverklaarbare nagmerries gerapporteer, totdat dit onthul is dat 'n geskenkte halssnoer van haar tante eintlik 'n geestelike moniteringstoestel was wat in 'n heiligdom ingewy is.

Jy maak nie net jou huis fisies skoon nie – jy moet dit ook geestelik skoonmaak.

Getuienis: "Die pop wat my dopgehou het"

Lourdes Valdivia, wie se storie ons vroeër uit Suid-Amerika ondersoek het, het eenkeer 'n porseleinpop tydens 'n familieviering ontvang. Haar ma het dit in 'n okkulte ritueel ingewy. Van die nag af wat dit in haar kamer ingebring is, het Lourdes stemme begin hoor, slaapverlamming ervaar en snags figure gesien.

Dit was eers toe 'n Christenvriendin saam met haar gebid het en die Heilige Gees die pop se oorsprong geopenbaar het dat sy daarvan ontslae geraak het. Onmiddellik het die demoniese teenwoordigheid verdwyn. Dit het haar ontwaking begin – van onderdrukking na verlossing.

Aksieplan – Huis- en Hartoudit

1. **Wandel deur elke kamer** in jou huis met salfolie en die Woord.
2. **Vra die Heilige Gees** om voorwerpe of gawes wat nie van God is nie, uit te lig.
3. **Verbrand of gooi** items weg wat met die okkulte, afgodery of immoraliteit verband hou.
4. **Maak alle deure toe** met Skrifgedeeltes soos:
   - *Deuteronomium 7:26*
   - *Handelinge 19:19*
   - *2 Korintiërs 6:16–18*

Groepbespreking en aktivering

- Deel enige items of geskenke wat jy eens besit het wat ongewone gevolge in jou lewe gehad het.
- Skep saam 'n "Huis Skoonmaak Kontrolelys".
- Wys vennote toe om deur mekaar se huisomgewings te bid (met toestemming).
- Nooi 'n plaaslike bevrydingspredikant om 'n profetiese

huisreinigingsgebed te lei.

Gereedskap vir Bediening: Salfolie, aanbiddingsmusiek, vullissakke (vir werklike weggooi), en 'n brandveilige houer vir items wat vernietig moet word.
Sleutel Insig
Wat jy in jou ruimte toelaat, kan geeste in jou lewe magtig.
Refleksiejoernaal

- Watter items in my huis of klerekas het onduidelike geestelike oorsprong?
- Het ek aan iets vasgehou weens sentimentele waarde wat ek nou moet laat gaan?
- Is ek gereed om my ruimte vir die Heilige Gees te heilig?

Gebed van Reiniging

Here Jesus, ek nooi U Heilige Gees uit om enigiets in my huis te ontbloot wat nie van U is nie. Ek verwerp elke vervloekte voorwerp, geskenk of item wat aan duisternis gekoppel was. Ek verklaar my huis heilige grond. Laat U vrede en reinheid hier woon. In Jesus se Naam. Amen.

DAG 5: BEKWORMERD & MISLEID — BREEK VRY VAN DIE GEES VAN WAARSÊERY

"Hierdie manne is dienaars van die Allerhoogste God en hulle verkondig aan ons die weg van verlossing." — *Handelinge 16:17 (NKJV)*

"Maar Paulus, baie ontsteld, het hom omgedraai en vir die gees gesê: 'Ek beveel jou in die Naam van Jesus Christus om uit haar uit te gaan.' En hy het op daardie selfde uur uitgegaan." — *Handelinge 16:18*

Daar is 'n dun lyn tussen profesie en waarsêery – en baie mense steek dit vandag oor sonder om dit eers te weet.

Van YouTube-profete wat vra vir "persoonlike woorde", tot sosiale media-tarotlesers wat Skrifgedeeltes aanhaal, het die wêreld 'n markplek van geestelike geraas geword. En tragies genoeg drink baie gelowiges onwetend uit besoedelde strome.

Die **gees van waarsêery** boots die Heilige Gees na. Dit vlei, verlei, manipuleer emosies en verstrik sy slagoffers in 'n web van beheer. Sy doel? **Om geestelik te verstrik, te mislei en te verslaaf.**

Globale Uitdrukkings van Waarsêery

- **Afrika** – Orakels, Ifá- priesters, watergeestesmediums, profetiese bedrog.
- **Asië** – Palmlesers, astroloë, voorvaderlike sieners, reïnkarnasie- "profete".
- **Latyns-Amerika** – Santeria-profete, towermakers, heiliges met duistere magte.
- **Europa** – Tarotkaarte, heldersiendheid, mediumsirkels, Nuwe Era- kanalisering.
- **Noord-Amerika** – "Christelike" psigikusse, numerologie in kerke,

engelkaarte, geesgidse vermom as Heilige Gees.

Wat gevaarlik is, is nie net wat hulle sê nie – maar die **gees** daaragter.

Getuienis: Van heldersiende tot Christus

'n Amerikaanse vrou het op YouTube getuig hoe sy van 'n "Christelike profetes" gegaan het na die besef dat sy onder 'n gees van waarsêery opereer. Sy het duidelik visioene begin sien, gedetailleerde profetiese woorde gegee en groot skares aanlyn gelok. Maar sy het ook teen depressie en nagmerries gesukkel en na elke sessie fluisterstemme gehoor.

Eendag, terwyl sy 'n lering oor *Handelinge 16 gekyk het*, het die weegskaal afgeval. Sy het besef dat sy haar nooit aan die Heilige Gees onderwerp het nie – slegs aan haar gawe. Na diepe berou en verlossing het sy haar engelkaarte en vasjoernaal vol rituele vernietig. Vandag preek sy Jesus, nie meer "woorde" nie.

Aksieplan – Toets die Geeste

1. Vra: Trek hierdie woord/geskenk my na **Christus**, of na die **persoon** wat dit gee?
2. Toets elke gees met *1 Johannes 4:1–3*.
3. Bekeer jou van enige betrokkenheid by psigiese, okkulte of nagemaakte profetiese praktyke.
4. Verbreek alle sielsbande met valse profete, waarsêers of heksery-instrukteurs (selfs aanlyn).
5. Verklaar met vrymoedigheid:

"Ek verwerp elke leuengees. Ek behoort aan Jesus alleen. My ore is ingestel op Sy stem!"

Groepaansoek

- Bespreek: Het jy al ooit 'n profeet of geestelike gids gevolg wat later vals geblyk het?
- Groepoefening: Lei lede om spesifieke praktyke soos astrologie, siellesings, psigiese speletjies of geestelike beïnvloeders wat nie in Christus gewortel is nie, te verwerp.
- Nooi die Heilige Gees: Laat 10 minute toe vir stilte en luister. Deel dan wat God openbaar – indien enigiets.

- Verbrand of verwyder digitale/fisiese items wat verband hou met waarsêery, insluitend boeke, toepassings, video's of notas.

Bedieningsgereedskap:
Bevrydingsolie, kruis (simbool van onderwerping), asblik/emmer vir die weggooi van simboliese items, aanbiddingsmusiek gesentreer op die Heilige Gees.

Sleutel Insig
Nie alle bonatuurlike dinge kom van God nie. Ware profesie vloei voort uit intimiteit met Christus, nie manipulasie of skouspel nie.

Refleksiejoernaal

- Was ek al ooit aangetrokke tot psigiese of manipulerende spirituele praktyke?
- Is ek meer verslaaf aan "woorde" as aan die Woord van God?
- Watter stemme het ek toegang gegee wat nou stilgemaak moet word?

GEBED VAN VERLOSSING

Vader, ek stem nie saam met elke gees van waarsêery, manipulasie en valse profesie nie. Ek bely dat ek leiding soek buiten U stem. Reinig my verstand, my siel en my gees. Leer my om deur U Gees alleen te wandel. Ek maak elke deur toe wat ek vir die okkulte oopgemaak het, wetend of onwetend. Ek verklaar dat Jesus my Herder is, en ek hoor slegs Sy stem. In Jesus se magtige Naam, Amen.

DAG 6: POORTE VAN DIE OOG – DIE TOEGANG VAN PORTALE VAN DUISTERNIS

"Die oog is die lamp van die liggaam. As jou oë gesond is, sal jou hele liggaam verlig wees."
— *Matteus 6:22 (NIV)*

"Ek sal geen verkeerde ding voor my oë stel nie..." — *Psalm 101:3 (KJV)*

In die geestelike realm **is jou oë poorte.** Wat deur jou oë ingaan, beïnvloed jou siel – vir suiwerheid of besoedeling. Die vyand weet dit. Daarom het media, beelde, pornografie, gruwelfilms, okkulte simbole, modeneigings en verleidelike inhoud slagvelde geword.

Die oorlog vir jou aandag is 'n oorlog vir jou siel.

Wat baie as "onskadelike vermaak" beskou, is dikwels 'n gekodeerde uitnodiging - tot wellus, vrees, manipulasie, trots, ydelheid, rebellie of selfs demoniese gehegtheid.

Globale Poorten van Visuele Duisternis

- **Afrika** – Rituele films, Nollywood-temas wat heksery en poligamie normaliseer.
- **Asië** – Anime en manga met spirituele portale, verleidelike geeste, astrale reise.
- **Europa** – Gotiese mode, gruwelfilms, vampierobsessies, sataniese kuns.
- **Latyns-Amerika** – Telenovelas wat towery, vloeke en wraak verheerlik.
- **Noord-Amerika** – Hoofstroommedia, musiekvideo's, pornografie, "oulike" demoniese spotprente.

Waarna jy voortdurend kyk, raak jy ongevoelig daarvoor.

Storie: "Die spotprent wat my kind vervloek het"

'n Ma van die VSA het opgemerk dat haar 5-jarige snags begin skree en ontstellende beelde teken. Na gebed het die Heilige Gees haar na 'n tekenprent gewys wat haar seun in die geheim gekyk het – een vol towerspreuke, pratende geeste en simbole wat sy nie opgemerk het nie.

Sy het die programme uitgevee en haar huis en skerms gesalf. Na etlike nagte van middernagtelike gebed en Psalm 91 het die aanvalle opgehou, en die seun het vreedsaam begin slaap. Sy lei nou 'n ondersteuningsgroep wat ouers help om hul kinders se visuele hekke te bewaak.

Aksieplan – Reiniging van die Oogpoort

1. Doen 'n **media-oudit** : Wat kyk jy? Lees jy? Blaai jy?
2. Kanselleer intekeninge of platforms wat jou vlees voed in plaas van jou geloof.
3. Salf jou oë en skerms en verklaar Psalm 101:3.
4. Vervang vullis met goddelike insette — dokumentêre, aanbidding, suiwer vermaak.
5. Verklaar:

"Ek sal geen veragtelike ding voor my oë stel nie. My visie behoort aan God."

Groepaansoek

- Uitdaging: 7-dae Ooghek-snel — geen giftige media, geen onaktiewe blaai nie.
- Deel: Watter inhoud het die Heilige Gees vir jou gesê om op te hou kyk?
- Oefening: Lê jou hande op jou oë en verwerp enige besoedeling deur visioen (bv. pornografie, gruwel, ydelheid).
- Aktiwiteit: Nooi lede uit om programme te verwyder, boeke te brand of items weg te gooi wat hul sig beskadig.

Gereedskap: Olyfolie, verantwoordingsprogramme, Skrifskermbewaarders, ooghek-gebedskaarte.

Sleutel Insig
Jy kan nie in gesag oor demone wandel as jy deur hulle vermaak word nie.
Refleksiejoernaal

- Wat voed ek my oë wat dalk duisternis in my lewe voed?
- Wanneer laas het ek gehuil oor wat God se hart breek?
- Het ek die Heilige Gees volle beheer oor my skermtyd gegee?

Gebed van Reinheid
Here Jesus, ek vra dat U bloed oor my oë sal spoel. Vergewe my vir die dinge wat ek deur my skerms, boeke en verbeelding toegelaat het. Vandag verklaar ek dat my oë vir lig is, nie duisternis nie. Ek verwerp elke beeld, wellus en invloed wat nie van U afkomstig is nie. Reinig my siel. Bewaak my blik. En laat my sien wat U sien – in heiligheid en waarheid. Amen.

DAG 7: DIE KRAG AGTER NAME — DIE AFSTAND VAN ONHEILIGE IDENTITEITE

"En Jabes het die God van Israel aangeroep en gesê: 'Ag, as U my maar ryklik sou seën...' Toe het God hom toegestaan wat hy versoek het."
— *1 Kronieke 4:10*

"Jy sal nie meer Abram genoem word nie, maar Abraham..." — *Genesis 17:5*

Name is nie net etikette nie – hulle is geestelike verklarings. In die Skrif weerspieël name dikwels bestemming, persoonlikheid of selfs slawerny. Om iets te benoem, is om dit identiteit en rigting te gee. Die vyand verstaan dit – daarom is baie mense onwetend vasgevang onder name wat in onkunde, pyn of geestelike slawerny gegee word.

Net soos God name verander het (Abram na Abraham, Jakob na Israel, Sarai na Sara), verander Hy steeds die lotgevalle deur Sy mense te hernoem.

Globale Kontekste van Naamgebondenheid

- **Afrika** – Kinders vernoem na oorlede voorouers of afgode ("Ogbanje," "Dike," " Ifunanya " gekoppel aan betekenisse).
- **Asië** – Reïnkarnasiename gekoppel aan karmiese siklusse of gode.
- **Europa** – Name gewortel in heidense of heksery-erfenis (bv. Freya, Thor, Merlin).
- **Latyns-Amerika** – Name wat deur Santeria beïnvloed is, veral deur geestelike doop.
- **Noord-Amerika** – Name geneem uit popkultuur, rebelliebewegings of voorvaderlike toewydings.

Name maak saak – en hulle kan mag, seën of slawerny dra.

Storie: "Waarom ek my dogter moes hernoem"

In *Greater Exploits 14* het 'n Nigeriese paartjie hul dogter "Amaka" genoem, wat "pragtig" beteken, maar sy het 'n seldsame siekte opgedoen wat dokters verstom het. Tydens 'n profetiese konferensie het die moeder 'n openbaring ontvang: die naam is eens deur haar ouma, 'n toordokter, gebruik, wie se gees nou die kind opgeëis het.

Hulle het haar naam verander na " Oluwatamilore " (God het my geseën), gevolg deur vas en gebede. Die kind het ten volle herstel.

Nog 'n geval uit Indië het betrekking op 'n man met die naam "Karma", wat gesukkel het met generasievloeke. Nadat hy Hindoe-bande versaak het en sy naam na "Jonathan" verander het, het hy deurbrake in finansies en gesondheid begin ervaar.

Aksieplan – Ondersoek jou naam

1. Doen navorsing oor die volle betekenis van julle name – voornaam, middelnaam, van.
2. Vra ouers of ouderlinge hoekom jy daardie name gekry het.
3. Verwerp negatiewe geestelike betekenisse of toewydings in gebed.
4. Verklaar jou goddelike identiteit in Christus:

"Ek is na God se Naam genoem. My nuwe Naam is in die hemel geskryf (Openbaring 2:17)."

GROEPBETROKKENHEID

- Vra lede: Wat beteken jou naam? Het jy al drome daaroor gehad?
- Doen 'n "naamgebed" — wat profeties elke persoon se identiteit verklaar.
- Lê hande op diegene wat moet breek van name wat gekoppel is aan verbonde of voorvaderlike slawerny.

Gereedskap: Druk naambetekeniskaarte, bring salfolie, gebruik geskrifte van naamveranderinge.

Sleutel Insig

Jy kan nie in jou ware identiteit wandel terwyl jy steeds op 'n valse een antwoord nie.

Refleksiejoernaal

- Wat beteken my naam – geestelik en kultureel?
- Voel ek in lyn met my naam of in konflik daarmee?
- Watter naam gee die hemel my?

Gebed van Hernoeming

Vader, in die Naam van Jesus, dank ek U dat U my 'n nuwe identiteit in Christus gegee het. Ek verbreek elke vloek, verbond of demoniese band wat aan my name gekoppel is. Ek verwerp elke naam wat nie ooreenstem met U wil nie. Ek ontvang die naam en identiteit wat die hemel my gegee het – vol krag, doel en reinheid. In Jesus se Naam, Amen.

DAG 8: ONTMASKERING VAN VALSE LIG — NUWE EEU-VALKLAGE EN ENGELIESE MISLEIDINGS

"*En geen wonder nie! Want Satan self verander hom in 'n engel van die lig.*" — 2 Korintiërs 11:14

"*Geliefdes, glo nie elke gees nie, maar toets die geeste of hulle uit God is...*" — 1 Johannes 4:1

Nie al wat gloei, is God nie.

In vandag se wêreld soek 'n groeiende aantal mense "lig", "genesing" en "energie" buite die Woord van God. Hulle wend hulle tot meditasie, joga-altare, derde-oog-aktiverings, voorvaderlike oproepings, tarotlesings, maanrituele, engelagtige kanalisering en selfs Christelik-klinkende mistisisme. Die misleiding is sterk omdat dit dikwels met vrede, skoonheid en krag kom – aanvanklik.

Maar agter hierdie bewegings is geeste van waarsêery, valse profesie en antieke gode wat die masker van lig dra om wettige toegang tot mense se siele te verkry.

Globale Bereik van Valse Lig

- **Noord-Amerika** – Kristalle, salie-reiniging, wet van aantrekking, psigikusse, uitheemse ligkodes.
- **Europa** – Herbenoemde heidendom, godinaanbidding, wit heksery, geestelike feeste.
- **Latyns-Amerika** – Santeria gemeng met Katolieke heiliges, spiritistiese genesers (curanderos).
- **Afrika** – Profetiese namaaksels met behulp van engelaltare en rituele water.
- **Asië** – Chakras, joga-"verligting", reïnkarnasieberading, tempelgeeste.

Hierdie praktyke mag tydelike "lig" bied, maar hulle verduister die siel mettertyd.

Getuienis: Verlossing van die Lig wat Mislei het

Van *Greater Exploits 14 af* het Mercy (VK) engelwerkswinkels bygewoon en "Christelike" meditasie met wierook, kristalle en engelkaarte beoefen. Sy het geglo dat sy toegang tot God se lig het, maar het gou stemme tydens haar slaap begin hoor en snags onverklaarbare vrees begin voel.

Haar verlossing het begin toe iemand haar *The Jameses Exchange geskenk het* , en sy het die ooreenkomste tussen haar ervarings en dié van 'n eks-satanis wat van engelagtige misleidings gepraat het, besef. Sy het berou getoon, alle okkulte voorwerpe vernietig en haar aan volle verlossingsgebede onderwerp.

Vandag getuig sy dapper teen New Age-misleiding in kerke en het sy ander gehelp om soortgelyke paaie te verwerp.

Aksieplan – Toets die Geeste

1. **Maak 'n inventaris van jou praktyke en oortuigings** — Stem hulle ooreen met die Skrif of voel hulle net geestelik?
2. **Verwerp en vernietig** alle vals-lig materiale: kristalle, joga handleidings, engelkaarte, droomvangers, ens.
3. **Bid Psalm 119:105** — vra God om Sy Woord jou enigste lig te maak.
4. **Verklaar oorlog teen verwarring** — bind bekende geeste en valse openbaring.

GROEPAANSOEK

- **Bespreek** : Is jy of iemand wat jy ken al aangetrokke tot "geestelike" praktyke wat nie om Jesus gefokus het nie?
- **Rolspel Onderskeiding** : Lees uittreksels van "geestelike" gesegdes (bv. "Vertrou die heelal") en kontrasteer dit met die Skrif.
- **Salwing- en Bevrydingsessie** : Breek altare vir valse lig en vervang dit met 'n verbond met die *Lig van die Wêreld* (Johannes 8:12).

Bedieningsgereedskap :

- Bring werklike Nuwe Era-items (of foto's daarvan) vir voorwerponderrig.
- Bied verlossingsgebed teen bekende geeste aan (sien Handelinge 16:16–18).

Sleutel Insig
Satan se gevaarlikste wapen is nie duisternis nie – dit is nagemaakte lig.
Refleksiejoernaal

- Het ek geestelike deure oopgemaak deur "ligte" leringe wat nie in die Skrif gewortel is nie?
- Vertrou ek op die Heilige Gees of op intuïsie en energie?
- Is ek bereid om alle vorme van valse spiritualiteit prys te gee vir God se waarheid?

GEBED VAN VERLOËNING

Vader , ek bely elke manier waarop ek die valse lig vermaak of daarmee omgegaan het. Ek verloën alle vorme van Nuwe Era, heksery en misleidende spiritualiteit. Ek verbreek elke sielsband met engelagtige bedrieërs, geesgidse en valse openbaring. Ek ontvang Jesus, die ware Lig van die wêreld. Ek verklaar dat ek geen stem behalwe U stem sal volg nie, in Jesus se Naam. Amen.

DAG 9: DIE ALTAAR VAN BLOED — VERBOND WAT 'N LEWE EIS

"*En hulle het die hoogtes van Baäl gebou... om hulle seuns en hulle dogters deur die vuur te laat gaan vir Molog.*" — Jeremia 32:35

"*En hulle het hom oorwin deur die bloed van die Lam en deur die woord van hulle getuienis...*" — Openbaring 12:11

Daar is altare wat nie net jou aandag vra nie – hulle eis jou bloed.

Van antieke tye tot vandag toe was bloedverbonde 'n kernpraktyk van die koninkryk van duisternis. Sommige word willens en wetens aangegaan deur heksery, aborsie, rituele moorde of okkulte inisiasies. Ander word geërf deur voorvaderlike praktyke of onwetend verbind deur geestelike onkunde.

Oral waar onskuldige bloed vergiet word – of dit nou in heiligdomme, slaapkamers of raadsale is – spreek 'n demoniese altaar.

Hierdie altare eis lewens, verkort bestemmings en skep 'n wettige grond vir demoniese lyding.

Globale Altare van Bloed

- **Afrika** – Rituele moorde, geldrituele, kinderoffers, bloedpakte by geboorte.
- **Asië** – Tempelbloedoffers, familievloeke deur aborsie of oorlogseed.
- **Latyns-Amerika** – Santeria-diereoffers, bloedoffers aan geeste van die dooies.
- **Noord-Amerika** – Aborsie-as-sakrament ideologie, demoniese bloedeed broederskappe.
- **Europa** – Antieke Druïde- en Vrymesselaarsrituele, bloedvergietingsaltare uit die Tweede Wêreldoorlog steeds onberou.

Hierdie verbonde, tensy hulle verbreek word, eis steeds lewens, dikwels in siklusse.

Ware verhaal: 'n Vader se offer

In *Delivered from the Power of Darkness* ontdek 'n vrou van Sentraal-Afrika tydens 'n bevrydingsessie dat haar gereelde botsings met die dood verband hou met 'n bloedeed wat haar pa afgelê het. Hy het haar die lewe belowe in ruil vir rykdom na jare van onvrugbaarheid.

Nadat haar pa gesterf het, het sy elke jaar op haar verjaarsdag skaduwees begin sien en byna noodlottige ongelukke ervaar. Haar deurbraak het gekom toe sy gelei is om Psalm 118:17 – *"Ek sal nie sterwe nie, maar lewe..."* – daagliks oor haarself te verklaar, gevolg deur 'n reeks verloëningsgebede en vas. Vandag lei sy 'n kragtige voorbiddingsbediening.

Nog 'n verslag uit *Greater Exploits 14* beskryf 'n man in Latyns-Amerika wat deelgeneem het aan 'n bende-inisiasie wat bloedvergieting behels het. Jare later, selfs nadat hy Christus aangeneem het, was sy lewe in voortdurende onrus – totdat hy die bloedverbond verbreek het deur 'n lang vas, openbare belydenis en waterdoop. Die pyniging het opgehou.

Aksieplan – Stilmaak van die Bloedaltare

1. **Bekeer jou** van enige aborsie, okkulte bloedverbonde of oorgeërfde bloedvergieting.
2. **Verloën** alle bekende en onbekende bloedverbonde hardop by die naam.
3. **Vas vir 3 dae** met daaglikse nagmaal, en verklaar die bloed van Jesus as jou wettige bedekking.
4. **Verklaar hardop** :

"Deur die bloed van Jesus verbreek ek elke bloedverbond wat namens my gemaak is. Ek is verlos!"

GROEPAANSOEK

- Bespreek die verskil tussen natuurlike bloedbande en demoniese bloedverbonde.

- Gebruik rooi lint/draad om bloedaltare voor te stel, en 'n skêr om hulle profeties te knip.
- Nooi 'n getuienis uit van iemand wat vrygebreek het van bloedverwante slawerny.

Bedieningsgereedskap :

- Nagmaal-elemente
- Salwingsolie
- Verlossingsverklarings
- Kerslig altaar-deurbrekende visuele indien moontlik

Sleutel Insig

Satan handel dryf met bloed. Jesus het te veel betaal vir jou vryheid met Syne.

Refleksiejoernaal

- Het ek of my familie deelgeneem aan enigiets wat bloedvergieting of ede behels het?
- Is daar herhalende sterftes, miskrame of gewelddadige patrone in my bloedlyn?
- Het ek ten volle vertrou dat die bloed van Jesus harder oor my lewe sal spreek?

Gebed van Verlossing

Here Jesus , ek dank U vir u kosbare bloed wat beter dinge spreek as die bloed van Abel. Ek bely enige bloedverbond wat ek of my voorouers gesluit het, wetend of onwetend. Ek verloën hulle nou. Ek verklaar dat ek bedek is deur die bloed van die Lam. Laat elke demoniese altaar wat my lewe eis, stilgemaak en verpletter word. Ek leef omdat U vir my gesterf het. In Jesus se Naam, Amen.

DAG 10: ONTROERHEID & GEBROKKENHEID — WANNEER DIE BAARMOEDER 'N SLAGVELD WORD

"*Geen miskraam of onvrugbaarheid sal in jou land wees nie; Ek sal die getal van jou dae vol maak.*" — Eksodus 23:26
"*Hy gee die kinderlose vrou 'n gesin, maak haar 'n gelukkige moeder. Prys die Here!*" — Psalm 113:9

Onvrugbaarheid is meer as net 'n mediese probleem. Dit kan 'n geestelike vesting wees wat gewortel is in diep emosionele, voorvaderlike en selfs territoriale gevegte.

Oor nasies heen word onvrugbaarheid deur die vyand gebruik om vroue en gesinne te beskaam, te isoleer en te vernietig. Terwyl sommige oorsake fisiologies is, is baie diep geestelik – gekoppel aan generasie-altare, vloeke, geestelike eggenote, mislukte bestemmings of sielwonde.

Agter elke onvrugbare baarmoeder het die hemel 'n belofte. Maar daar is dikwels 'n oorlogvoering wat voor bevrugting gevoer moet word – in die baarmoeder en in die gees.

Globale Patrone van Onvrugbaarheid

- **Afrika** – Gekoppel aan poligamie, voorvaderlike vloeke, heiligdompakte en geeskinders.
- **Asië** – Karma-oortuigings, geloftes uit vorige lewens, vloeke oor generasies, skaamtekultuur.
- **Latyns-Amerika** – Heksery-geïnduseerde baarmoedersluiting, afgunsspreuke.
- **Europa** – IVF-oorafhanklikheid, Vrymesselary-kinderoffers, aborsieskuld.
- **Noord-Amerika** – Emosionele trauma, sielwonde, miskraamsiklusse,

hormoonveranderende medisyne.

WARE STORIES – VAN Trane tot Getuienisse
Maria van Bolivië (Latyns-Amerika)

Maria het 5 miskrame gehad. Elke keer het sy gedroom om 'n huilende baba vas te hou en dan die volgende oggend bloed te sien. Dokters kon nie haar toestand verduidelik nie. Nadat sy 'n getuienis in *Greater Exploits gelees het*, het sy besef dat sy 'n familie-altaar van onvrugbaarheid van 'n ouma geërf het wat alle vroulike baarmoeders aan 'n plaaslike godheid opgedra het.

Sy het 14 dae lank gevas en Psalm 113 uitgespreek. Haar pastoor het haar gelei om die verbond met nagmaal te verbreek. Nege maande later het sy geboorte gegee aan 'n tweeling.

Ngozi van Nigerië (Afrika)

Ngozi was 10 jaar lank getroud sonder 'n kind. Tydens bevrydingsgebede is dit onthul dat sy in die geesteryk met 'n seeman getroud was. Elke ovulasiesiklus het sy seksuele drome gehad. Na 'n reeks middernagtelike oorlogvoeringsgebede, en 'n profetiese daad van die verbranding van haar trouring van 'n vorige okkulte inisiasie, het haar baarmoeder oopgegaan.

Aksieplan – Die oopmaak van die baarmoeder

1. **Identifiseer die wortel** – voorvaderlik, emosioneel, huweliks- of medies.
2. **Bekeer jou van vorige aborsies**, sielsbande, seksuele sondes en okkulte toewydings.
3. **Salf jou skoot daagliks** terwyl jy Eksodus 23:26 en Psalm 113 verklaar.
4. **Vas vir 3 dae** en neem daagliks nagmaal, en verwerp alle altare wat aan jou baarmoeder gekoppel is.
5. **Praat hardop**:

My skoot is geseënd. Ek verwerp elke verbond van onvrugbaarheid. Ek sal swanger raak en tot volle termyn dra deur die krag van die Heilige Gees!

Groepaansoek

- Nooi vroue (en paartjies) om die laste van vertraging in 'n veilige, gebedsvolle ruimte te deel.
- Gebruik rooi serpe of doeke wat om die middel vasgemaak is – dan profeties losgemaak as 'n teken van vryheid.
- Lei 'n profetiese "naamgewings"-seremonie — verklaar kinders wat nog deur geloof gebore moet word.
- Breek woordvloeke, kulturele skaamte en selfhaat in gebedskringe.

Bedieningsgereedskap:

- Olyfolie (salf baarmoeders)
- Nagmaal
- Mantels/sjaals (simboliseer bedekking en nuutheid)

Sleutel Insig

Onvrugbaarheid is nie die einde nie – dit is 'n oproep tot oorlog, tot geloof en tot herstel. God se vertraging is nie ontkenning nie.

Refleksiejoernaal

- Watter emosionele of geestelike wonde is aan my baarmoeder gekoppel?
- Het ek toegelaat dat skaamte of bitterheid my hoop vervang?
- Is ek bereid om die oorsake met geloof en aksie aan te spreek?

Gebed van Genesing en Bevrugting

Vader, ek staan op U Woord wat sê dat niemand onvrugbaar in die land sal wees nie. Ek verwerp elke leuen, altaar en gees wat opgedra is om my vrugbaarheid te blokkeer. Ek vergewe myself en ander wat kwaad oor my liggaam gespreek het. Ek ontvang genesing, herstel en lewe. Ek verklaar my skoot vrugbaar en my vreugde vol. In Jesus se Naam. Amen.

DAG 11: OUTOIMUUNVERSTEURINGS & CHRONIESE MOEGHEID — DIE ONSIGBARE OORLOG BINNE

"*Huis wat teen homself verdeeld is, sal nie bly staan nie.*" – Matteus 12:25

"*Hy gee krag aan die swakkes en vermenigvuldig sterkte aan die wat geen kragte het nie.*" – Jesaja 40:29

Outo-immuun siektes is waar die liggaam homself aanval – sy eie selle as vyande aangesien. Lupus, rumatoïede artritis, veelvuldige sklerose, Hashimoto's en ander val onder hierdie groep.

Chroniese moegheidsindroom (CVS), fibromialgie en ander onverklaarbare uitputtingsversteurings oorvleuel dikwels met outo-immuun stryd. Maar bo en behalwe die biologiese, dra baie wat ly emosionele trauma, sielwonde en geestelike laste saam.

Die liggaam roep uit – nie net vir medikasie nie, maar vir vrede. Baie is in innerlike oorlog.

Globale Kykie

- **Afrika** – Toenemende outo-immuundiagnoses gekoppel aan trauma, besoedeling en stres.
- **Asië** – Hoë voorkomssyfers van skildklierafwykings gekoppel aan voorvaderlike onderdrukking en skaamtekultuur.
- **Europa en Amerika** – Chroniese moegheid en uitbrandingsepidemie as gevolg van prestasiegedrewe kultuur.
- **Latyns-Amerika** – Lyers word dikwels verkeerd gediagnoseer; stigma en geestelike aanvalle deur sielfragmentasie of vloeke.

Verborge Geestelike Wortels

- **Selfhaat of skaamte** — om "nie goed genoeg" te voel.
- **Onvergewensgesindheid teenoor self of ander** — die immuunstelsel boots die geestelike toestand na.
- **Onverwerkte hartseer of verraad** — maak die deur oop vir sielsmoegheid en fisiese ineenstorting.
- **Heksery-teistering of jaloesiepyle** — word gebruik om geestelike en fisiese krag te dreineer.

Ware Verhale – Gevegte Gevoer in die Donker
Elena van Spanje
Elena is met lupus gediagnoseer na 'n lang mishandelende verhouding wat haar emosioneel gebroke gelaat het. In terapie en gebed is dit onthul dat sy haat geïnternaliseer het, en geglo het dat sy waardeloos was. Toe sy haarself begin vergewe het en sielwonde met die Skrif konfronteer het, het haar opvlammings drasties afgeneem. Sy getuig van die genesende krag van die Woord en sielreiniging.

James van die VSA
James, 'n gedrewe korporatiewe uitvoerende beampte, het ná 20 jaar van onophoudelike stres weens CFS ineengestort. Tydens sy bevryding is dit blootgelê dat 'n generasievloek van strewe sonder rus die mans in sy familie geteister het. Hy het 'n seisoen van sabbat, gebed en belydenis binnegegaan en herstel gevind, nie net van gesondheid nie, maar ook van identiteit.

Aksieplan – Genesing van die Siel en Immuunstelsel

1. **Bid Psalm 103:1-5** hardop elke oggend — veral v.3-5.
2. **Lys jou innerlike oortuigings** — wat sê jy vir jouself? Breek leuens.
3. **Vergewe innig** - veral jouself.
4. **Neem nagmaal** om die liggaamsverbond te herstel — sien Jesaja 53.
5. **Rus in God** — Sabbat is nie opsioneel nie, dis geestelike oorlogvoering teen uitbranding.

Ek verklaar dat my liggaam nie my vyand is nie. Elke sel in my sal in lyn wees met goddelike orde en vrede. Ek ontvang God se krag en genesing.
Groepaansoek

- Laat lede moegheidspatrone of emosionele uitputting wat hulle wegsteek, deel.
- Doen 'n "sielstortingsoefening" - skryf laste neer en verbrand of begrawe dit dan simbolies.
- Lê hande op diegene wat ly aan outo-immuun simptome; gebied balans en vrede.
- Moedig 7-dae joernaalhouding van emosionele snellers en genesende Skrifgedeeltes aan.

Bedieningsgereedskap:

- Essensiële olies of geurige salwing vir verfrissing
- Joernale of notaboeke
- Psalm 23 meditasie klankbaan

Sleutel Insig

Wat die siel aanval, manifesteer dikwels in die liggaam. Genesing moet van binne na buite vloei.

Refleksiejoernaal

- Voel ek veilig in my eie liggaam en gedagtes?
- Koester ek skaamte of blaam van vorige mislukkings of trauma?
- Wat kan ek doen om rus en vrede as geestelike praktyke te begin eerbiedig?

Gebed van Herstel

Here Jesus, U is my Geneser. Vandag verwerp ek elke leuen dat ek gebroke, vuil of verdoem is. Ek vergewe myself en ander. Ek seën elke sel in my liggaam. Ek ontvang vrede in my siel en belyning in my immuunstelsel. Deur U wonde is ek genees. Amen.

DAG 12: EPILEPSIE & GEESTESWARTING — WANNEER DIE GEES 'N SLAGVELD WORD

"*Here, wees my seun barmhartig, want hy is maansiek en ly hewig gekwel; want dikwels val hy in die vuur en dikwels in die water.*" – Matteus 17:15

"*God het ons nie 'n gees van vreesagtigheid gegee nie, maar van krag en liefde en selfbeheersing.*" – 2 Timoteus 1:7

Sommige kwale is nie net medies nie – hulle is geestelike strydvelde vermom as siekte.

Epilepsie, aanvalle, skisofrenie, bipolêre episodes en patrone van pyn in die gees het dikwels ongesiene wortels. Terwyl medikasie 'n plek het, is onderskeidingsvermoë van kritieke belang. In baie Bybelse verslae was aanvalle en geestesaanvalle die gevolg van demoniese onderdrukking.

Die moderne samelewing behandel wat Jesus dikwels *uitgewerp het*.

Globale Werklikheid

- **Afrika** – Aanvalle word dikwels toegeskryf aan vloeke of voorvadergeeste.
- **Asië** – Epileptiese pasiënte word dikwels weggesteek weens skaamte en geestelike stigma.
- **Latyns-Amerika** – Skisofrenie gekoppel aan generasie-heksery of afgebroke roepings.
- **Europa en Noord-Amerika** – Oordiagnose en oormedikasie verbloem dikwels demoniese oorsake.

Ware Stories – Verlossing in die Vuur

Musa van Noord-Nigerië

Musa het sedert sy kinderjare epileptiese aanvalle gehad. Sy familie het alles probeer – van plaaslike dokters tot kerkgebede. Eendag, tydens 'n bevrydingsdiens, het die Gees geopenbaar dat Musa se oupa hom in 'n heksery-uitruil aangebied het. Nadat hy die verbond verbreek en hom gesalf het, het hy nooit weer 'n aanval gehad nie.

Daniël van Peru

Daniel is met bipolêre versteuring gediagnoseer en het gesukkel met gewelddadige drome en stemme. Hy het later ontdek dat sy pa betrokke was by geheime sataniese rituele in die berge. Verlossingsgebede en 'n driedaagse vas het helderheid gebring. Die stemme het opgehou. Vandag is Daniel kalm, herstel en berei hy voor vir die bediening.

Tekens om op te let

- Herhaalde episodes van aanvalle sonder bekende neurologiese oorsaak.
- Stemme, hallusinasies, gewelddadige of selfmoordgedagtes.
- Verlies aan tyd of geheue, onverklaarbare vrees, of fisiese stuiptrekkings tydens gebed.
- Gesinspatrone van waansin of selfmoord.

Aksieplan – Om gesag oor die verstand te neem

1. Bekeer jou van alle bekende okkulte bande, trauma of vloeke.
2. Lê daagliks jou hande op jou hoof en verklaar dat jy gesond is van verstand (2 Timoteus 1:7).
3. Vas en bid oor geeste wat verstand bind.
4. Verbreek voorvaderlike ede, toewydings of bloedlynvloeke.
5. Indien moontlik, sluit aan by 'n sterk gebedsmaat of bevrydingspan.

Ek verwerp elke gees van pyniging, beslaglegging en verwarring. Ek ontvang 'n gesonde verstand en stabiele emosies in Jesus se Naam!

Groepbediening en -toepassing

- Identifiseer familiepatrone van geestesongesteldheid of aanvalle.
- Bid vir diegene wat ly – gebruik salfolie op die voorkop.
- Laat voorbidders deur die vertrek loop en verklaar: "Vrede, wees stil!" (Markus 4:39)
- Nooi diegene wat geraak word om mondelinge ooreenkomste te verbreek: "Ek is nie kranksinnig nie. Ek is genees en heel."

Bedieningsgereedskap:

- Salwingsolie
- Genesingsverklaringskaarte
- Aanbiddingsmusiek wat vrede en identiteit bedien

Sleutel Insig

Nie elke lyding is net fisies nie. Sommige is gewortel in antieke verbonde en demoniese wetlike gronde wat geestelik aangespreek moet word.

Refleksiejoernaal

- Was ek al ooit in my gedagtes of slaap gekwel?
- Is daar ongeneesde traumas of geestelike deure wat ek moet toemaak?
- Watter waarheid kan ek daagliks verklaar om my gedagtes in God se Woord te anker?

Gebed van Gesondheid

Here Jesus, U is die Hersteller van my gemoed. Ek verloën elke verbond, trauma of demoniese gees wat my brein, emosies en helderheid aanval. Ek ontvang genesing en 'n gesonde gemoed. Ek besluit dat ek sal lewe en nie sterf nie. Ek sal ten volle funksioneer, in Jesus se Naam. Amen.

DAG 13: GEES VAN VREES — DIE KOOI VAN ONSIGBAAR PYNTING BREEK

" **W**ant God het ons nie 'n gees van vreesagtigheid gegee nie, maar van krag en liefde en selfbeheersing." — 2 Timoteus 1:7

"Vrees het pyniging..." — 1 Johannes 4:18

Vrees is nie net 'n emosie nie – dit kan 'n *gees wees*.

Dit fluister mislukking voordat jy begin. Dit vergroot verwerping. Dit verlam doelgerigtheid. Dit verlam nasies.

Baie is in onsigbare gevangenisse gebou deur vrees: vrees vir die dood, mislukking, armoede, mense, siekte, geestelike oorlogvoering en die onbekende.

Agter baie angsaanvalle, paniekversteurings en irrasionele fobies lê 'n geestelike opdrag wat gestuur is om **bestemmings te neutraliseer**.

Globale Manifestasies

- **Afrika** – Vrees gewortel in generasievloeke, voorvaderlike vergelding of heksery-terugslag.
- **Asië** – Kulturele skaamte, karmiese vrees, reïnkarnasie-angs.
- **Latyns-Amerika** – Vrees vir vloeke, dorpslegendes en geestelike vergelding.
- **Europa en Noord-Amerika** – Verborge angs, gediagnoseerde afwykings, vrees vir konfrontasie, sukses of verwerping – dikwels spiritueel, maar as sielkundig geëtiketteer.

Ware Stories – Ontmaskering van die Gees
Sarah van Kanada

Jare lank kon Sarah nie in die donker slaap nie. Sy het altyd 'n teenwoordigheid in die kamer gevoel. Dokters het dit as angs gediagnoseer, maar geen behandeling het gewerk nie. Tydens 'n aanlyn bevrydingsessie is dit onthul dat 'n kinderjare-vrees 'n deur oopgemaak het vir 'n kwellende gees deur 'n nagmerrie en gruwelfliek. Sy het berou getoon, die vrees verwerp en dit beveel om te gaan. Sy slaap nou in vrede.

Uche van Nigerië

Uche is geroep om te preek, maar elke keer as hy voor mense gestaan het, het hy gevries. Die vrees was onnatuurlik – hy het verstik, verlam. In gebed het God hom 'n woordvloek gewys wat deur 'n onderwyser gespreek is wat sy stem as kind bespot het. Daardie woord het 'n geestelike ketting gevorm. Toe dit eers gebreek is, het hy met vrymoedigheid begin preek.

Aksieplan – Oorkoming van Vrees

1. **Bely enige vrees by die naam** : "Ek verloën die vrees vir [_____] in Jesus se Naam."
2. **Lees daagliks Psalm 27 en Jesaja 41 hardop.**
3. **Aanbid totdat vrede paniek vervang.**
4. **Bly weg van vreesgebaseerde media — gruwelfilms, nuus, skinderstories.**
5. **Verklaar daagliks** : "Ek het 'n gesonde verstand. Ek is nie 'n slaaf van vrees nie."

Groepaansoek – Gemeenskapsdeurbraak

- Vra groeplede: Watter vrees het jou die meeste verlam?
- Verdeel in klein groepies en lei gebede van **verloëning** en **vervanging** (bv. vrees → vrymoedigheid, angs → selfvertroue).
- Laat elke persoon 'n vrees neerskryf en dit as 'n profetiese daad verbrand.
- Gebruik *salfolie* en *Skrifbelydenisse* oor mekaar.

Bedieningsgereedskap:

- Salwingsolie
- Skrifverklaringskaarte
- Aanbiddingslied: "Geen Slawe Meer Nie" deur Bethel

Sleutel Insig

Vrees wat geduld word, is **geloof wat besmet is** .

Jy kan nie terselfdertyd dapper en vreesagtig wees nie – kies dapperheid.

Refleksiejoernaal

- Watter vrees het my van kleins af bygebly?
- Hoe het vrees my besluite, gesondheid of verhoudings beïnvloed?
- Wat sou ek anders doen as ek heeltemal vry was?

Gebed van Vryheid van Vrees

Vader , ek verloën die gees van vrees. Ek maak elke deur toe deur trauma, woorde of sonde wat vrees toegang gegee het. Ek ontvang die Gees van krag, liefde en 'n gesonde verstand. Ek verklaar vrymoedigheid, vrede en oorwinning in Jesus se Naam. Vrees het geen plek meer in my lewe nie. Amen.

DAG 14: SATANIESE MERKINGS — DIE UITVEE VAN DIE ONHEILIGE BRAND

"*Van nou af moet niemand my lastig val nie, want ek dra die littekens van die Here Jesus in my liggaam.*" – Galasiërs 6:17

"*Hulle sal my Naam op die kinders van Israel lê, en Ek sal hulle seën.*" – Numeri 6:27

Baie bestemmings word stilweg in die geestelike realm *gemerk* – *nie deur God nie, maar deur die vyand.*

Hierdie sataniese merke kan in die vorm van vreemde liggaamstekens, drome van tatoeëermerke of brandmerkies, traumatiese mishandeling, bloedrituele of geërfde altare voorkom. Sommige is onsigbaar – slegs onderskei deur geestelike sensitiwiteit – terwyl ander as fisiese tekens, demoniese tatoeëermerke, geestelike brandmerkies of volgehoue swakhede verskyn.

Wanneer 'n persoon deur die vyand gemerk word, kan hulle die volgende ervaar:

- Konstante verwerping en haat sonder oorsaak.
- Herhaalde geestelike aanvalle en blokkasies.
- Voortydige dood of gesondheidskrisisse op sekere ouderdomme.
- Om in die gees gevolg te word — altyd sigbaar vir die duisternis.

Hierdie merke dien as *wettige etikette* wat donker geeste toestemming gee om te pynig, te vertraag of te monitor.

Maar die bloed van Jesus **reinig** en **herbrand**.

Globale Uitdrukkings

- **Afrika** – Stammerke, rituele snye, okkulte inisiasielittekens.
- **Asië** – Geestelike seëls, voorvaderlike simbole, karmiese merke.

- **Latyns-Amerika** – Brujeria (heksery) inisiasietekens, geboortetekens wat in rituele gebruik word.
- **Europa** – Vrymesselary-embleme, tatoeëermerke wat geestegidse aanroep.
- **Noord-Amerika** – Nuwe era-simbole, rituele misbruik-tatoeëermerke, demoniese brandmerk deur okkulte verbonde.

Ware Stories – Die Krag van Herhandelsmerk

David van Uganda

Dawid het voortdurend verwerping in die gesig gestaar. Niemand kon verduidelik hoekom nie, ten spyte van sy talent. In gebed het 'n profeet 'n "geestelike X" op sy voorkop gesien - 'n merk van 'n kinderjare-ritueel wat deur 'n dorpspriester gedoen is. Tydens bevryding is die merk geestelik uitgewis deur salfolie en bloed-van- Jesus -verklarings. Sy lewe het binne weke verander - hy het getrou, 'n werk gekry en 'n jeugleier geword.

Sandra van Brasilië

Sandra het 'n draak-tatoeëermerk gehad van haar tienerrebellie. Nadat sy haar lewe aan Christus gegee het, het sy intense geestelike aanvalle opgemerk wanneer sy gevas of gebid het. Haar pastoor het onderskei dat die tatoeëermerk 'n demoniese simbool was wat gekoppel is aan die monitering van geeste. Na 'n sessie van bekering, gebed en innerlike genesing, het sy die tatoeëermerk laat verwyder en die sielsband verbreek. Haar nagmerries het onmiddellik opgehou.

Aksieplan – Vee die Merk Uit

1. **Vra die Heilige Gees** om enige geestelike of fisiese tekens in jou lewe te openbaar.
2. **Bekeer jou** van enige persoonlike of oorgeërfde betrokkenheid by die rituele wat hulle toegelaat het.
3. **Smeer die bloed van Jesus** oor jou liggaam – voorkop, hande, voete.
4. **Verbreek moniteringsgeeste, sielsbande en wetlike regte** wat aan merke gekoppel is (sien Skrifgedeeltes hieronder).
5. **Verwyder fisiese tatoeëermerke of items** (soos gelei) wat gekoppel is aan donker verbonde.

Groepaansoek – Herhandelsmerk in Christus

- Vra groeplede: Het jy al ooit 'n merk gehad of gedroom om gebrandmerk te word?
- Lei 'n gebed van **reiniging en hertoewyding** aan Christus.
- Salf julle voorkoppe met olie en verklaar: *"Julle dra nou die merk van die Here Jesus Christus."*
- Breek moniteringsgeeste af en herbedraad hulle identiteit in Christus.

Bedieningsgereedskap:

- Olyfolie (geseën vir salwing)
- Spieël of wit lap (simboliese washandeling)
- Nagmaal (verseël die nuwe identiteit)

Sleutel Insig

Wat in die gees gemerk is, word **in die gees gesien** – verwyder wat die vyand gebruik het om jou te merk.

Refleksiejoernaal

- Het ek al ooit vreemde merke, kneusplekke of simbole op my liggaam gesien sonder verduideliking?
- Is daar voorwerpe, piercings of tatoeëermerke wat ek moet verwerp of verwyder?
- Het ek my liggaam ten volle hertoegewy as 'n tempel van die Heilige Gees?

Gebed van Herbranding

Here Jesus, ek verloën elke merk, verbond en toewyding wat in my liggaam of gees buite U wil gemaak is. Deur U bloed wis ek elke sataniese merk uit. Ek verklaar dat ek vir Christus alleen gemerk is. Laat U seël van eienaarskap op my wees, en laat elke moniterende gees my nou uit die oog verloor. Ek is nie meer sigbaar vir die duisternis nie. Ek wandel vry — in Jesus se Naam, Amen.

DAG 15: DIE SPIEËLRYK — ONTSNAP UIT DIE GEVANGENIS VAN REFLEKSIES

"*Want nou sien ons deur 'n spieël in 'n raaisel, maar eendag van aangesig tot aangesig...*" — 1 Korintiërs 13:12
"*Hulle het oë, maar kan nie sien nie, ore, maar kan nie hoor nie...*" — Psalm 115:5-6

Daar is 'n **spieëlryk** in die geesteswêreld – 'n plek van *nagemaakte identiteite*, geestelike manipulasie en donker weerkaatsings. Wat baie in drome of visioene sien, is dalk spieëls wat nie van God afkomstig is nie, maar gereedskap van misleiding uit die donker koninkryk.

In die okkulte word spieëls gebruik om **siele vas te vang**, **lewens te monitor** of **persoonlikhede oor te dra**. In sommige bevrydingsessies rapporteer mense dat hulle hulself op 'n ander plek "leef" sien - binne 'n spieël, op 'n skerm of agter 'n geestelike sluier. Dit is nie hallusinasies nie. Dit is dikwels sataniese gevangenisse wat ontwerp is om:

- Fragmenteer die siel
- Vertraag die lot
- Verwar identiteit
- Bied alternatiewe geestelike tydlyne aan

Die doel? Om 'n *vals weergawe* van jouself te skep wat onder demoniese beheer leef terwyl jou ware self in verwarring of nederlaag leef.

Globale Uitdrukkings

- **Afrika** – Spieëlheksery wat deur towenaars gebruik word om te monitor, te vang of aan te val.

- **Asië** – Sjamane gebruik bakke water of gepoleerde klippe om geeste te "sien" en op te roep.
- **Europa** – Swart spieëlrituele, nekromansie deur refleksies.
- **Latyns-Amerika** – Deur obsidiaanspieëls in Asteekse tradisies kyk.
- **Noord-Amerika** – Nuwe era spieëlportale, spieëlkyk vir astrale reise.

Getuienis — "Die Meisie in die Spieël"
Maria van die Filippyne

Maria het gedroom dat sy vasgevang is in 'n kamer vol spieëls. Elke keer as sy vordering in die lewe gemaak het, het sy 'n weergawe van haarself in die spieël gesien wat haar agtertoe trek. Een nag tydens bevryding het sy geskree en beskryf hoe sy haarself "uit 'n spieël sien loop" in vryheid. Haar pastoor het haar oë gesalf en haar gelei om spieëlmanipulasie te laat vaar. Sedertdien het haar geestelike helderheid, besigheid en gesinslewe verander.

David van Skotland

David, eens diep in nuwe era-meditasie, het "spieëlskaduwerk" beoefen. Met verloop van tyd het hy stemme begin hoor en homself dinge sien doen wat hy nooit beplan het nie. Nadat hy Christus aangeneem het, het 'n bevrydingspredikant die spieëlsielbande verbreek en oor sy gedagtes gebid. David het berig dat hy vir die eerste keer in jare soos 'n "mis gevoel het wat opgelig" is.

Aksieplan – Breek die Spieëlspreuk

1. **Verwerp** alle bekende of onbekende betrokkenheid met spieëls wat geestelik gebruik word.
2. **Bedek alle spieëls in jou huis** met 'n lap tydens gebed of vas (indien gelei).
3. **Salf jou oë en voorkop** – verklaar dat jy nou net sien wat God sien.
4. **Gebruik die Skrif** om jou identiteit in Christus te verklaar, nie in valse besinning nie:
    - *Jesaja 43:1*
    - *2 Korintiërs 5:17*
    - *Johannes 8:36*

GROEPAANSOEK – IDENTITEITSHERSTEL

- Vra: Het jy al ooit drome gehad oor spieëls, dubbelgangers, of om dopgehou te word?
- Lei 'n gebed van identiteitsherwinning – verklaar vryheid van valse weergawes van die self.
- Lê hande op die oë (simbolies of in gebed) en bid vir helderheid van sig.
- Gebruik 'n spieël in groep om profeties te verklaar: *"Ek is wie God sê Ek is. Niks anders nie."*

Bedieningsgereedskap:

- Wit lap (bedekkende simbole)
- Olyfolie vir salwing
- Profetiese spieëlverklaringsgids

Sleutel Insig

Die vyand hou daarvan om te verdraai hoe jy jouself sien – want jou identiteit is jou toegangspunt tot die bestemming.

Refleksiejoernaal

- Het ek leuens oor wie ek is, geglo?
- Het ek al ooit aan spieëlrituele deelgeneem of onwetend spieëlheksery toegelaat?
- Wat sê God oor wie ek is?

Gebed van Vryheid uit die Spieëlryk

Vader in die Hemel, ek verbreek elke verbond met die spieëlryk — elke donker weerkaatsing, geestelike dubbelganger en nagemaakte tydlyn. Ek verloën alle valse identiteite. Ek verklaar dat ek is wie U sê ek is. Deur die bloed van Jesus stap ek uit die tronk van weerkaatsings en in die volheid van my doel. Van vandag af sien ek met die oë van die Gees — in waarheid en helderheid. In Jesus se Naam, Amen.

DAG 16: DIE BAND VAN WOORDVLOEKE VERBREK — JOU NAAM, JOU TOEKOMS TERUG EIS

"*Dood en lewe is in die mag van die tong...*" — Spreuke 18:21

"*Geen wapen wat teen jou gesmee word, sal voorspoedig wees nie; en elke tong wat teen jou opstaan in die gereg, sal jy veroordeel...*" — Jesaja 54:17

Woorde is nie net klanke nie – hulle is **geestelike houers** wat krag dra om te seën of te bind. Baie mense loop onwetend onder die **gewig van vloeke wat** oor hulle uitgespreek word deur ouers, onderwysers, geestelike leiers, eks-geliefdes of selfs hul eie monde.

Sommige het dit al voorheen gehoor:

- "Jy sal nooit tot enigiets kom nie."
- "Jy is net soos jou pa – nutteloos."
- "Alles wat jy aanraak, misluk."
- "As ek jou nie kan hê nie, sal niemand jou hê nie."
- "Jy is vervloek... kyk en sien."

Woorde soos hierdie, sodra hulle in woede, haat of vrees gespreek word – veral deur iemand in gesagsposisies – kan 'n geestelike strik word. Selfs selfuitgesproken vloeke soos *"Ek wens ek was nooit gebore nie"* of *"Ek sal nooit trou nie"* kan die vyand wettige grond gee.

Globale Uitdrukkings

- **Afrika** – Stamvloeke, ouervloeke oor rebellie, markplekvloeke.
- **Asië** – Karma-gebaseerde woordverklarings, voorvaderlike geloftes wat oor kinders uitgespreek word.
- **Latyns-Amerika** – Brujeria (heksery) vloeke geaktiveer deur

gesproke woord.
- **Europa** – Gesproke heksery, familie-"profesieë" wat selfvervuld is.
- **Noord-Amerika** – Verbale mishandeling, okkulte gesange, selfhaat-bevestigings.

Of dit nou gefluister of geskree word, vloeke wat met emosie en geloof uitgespreek word, dra gewig in die gees.

Getuienis — "Toe my moeder oor die dood gepraat het"
Keisha (Jamaika)

Keisha het grootgeword met die woorde van haar ma: *"Jy is die rede waarom my lewe verwoes is."* Elke verjaardag het iets slegs gebeur. Op 21 het sy selfmoord probeer pleeg, oortuig dat haar lewe geen waarde het nie. Tydens 'n bevrydingsdiens het die predikant gevra: *"Wie het die dood oor jou lewe gepraat?"* Sy het in trane uitgebars. Nadat sy die woorde verwerp en vergifnis vrygespreek het, het sy uiteindelik vreugde ervaar. Nou leer sy jong meisies hoe om lewe oor hulself te praat.

Andrei (Roemenië)

Andrei se onderwyser het eenkeer gesê: *"Jy sal in die tronk beland of dood wees voor jy 25 word."* Daardie stelling het hom geteister. Hy het in misdaad verval en is op 24 in hegtenis geneem. In die tronk het hy Christus ontmoet en die vloek besef waarmee hy saamgestem het. Hy het vir die onderwyser 'n vergifnisbrief geskryf, elke leuen wat oor hom geuiter is, opgeskeur en God se beloftes begin spreek. Hy lei nou 'n uitreikbediening na die tronk.

Aksieplan – Keer die Vloek Om

1. Skryf negatiewe stellings neer wat oor jou gesê is – deur ander of jouself.
2. In gebed, **verwerp elke woordvloek** (sê dit hardop).
3. **Gee vergifnis** aan die persoon wat dit gespreek het.
4. **Spreek God se waarheid** oor jouself om die vloek met seën te vervang:
    - *Jeremia 29:11*
    - *Deuteronomium 28:13*
    - *Romeine 8:37*
    - *Psalm 139:14*

Groeptoepassing – Die Krag van Woorde

- Vra: Watter stellings het jou identiteit gevorm – goed of sleg?
- Breek in groepe vloeke hardop uit (met sensitiwiteit), en spreek seëninge in plaas daarvan uit.
- Gebruik Skrifkaarte — elke persoon lees 3 waarhede oor hul identiteit hardop.
- Moedig lede aan om 'n 7-dae *Seënbevel* oor hulself te begin.

Bedieningsgereedskap:

- Flitskaarte met Skrifidentiteit
- Olyfolie om monde te salf (heiligmakende spraak)
- Spieëlverklarings — spreek daagliks die waarheid oor jou weerkaatsing

Sleutel Insig

As 'n vloek uitgespreek is, kan dit verbreek word – en 'n nuwe woord van lewe kan in die plek daarvan gespreek word.

Refleksiejoernaal

- Wie se woorde het my identiteit gevorm?
- Het ek myself vervloek deur vrees, woede of skaamte?
- Wat sê God oor my toekoms?

Gebed om Woordvloeke te Verbreek

Here Jesus, ek verloën elke vloek wat oor my lewe uitgespreek is – deur familie, vriende, onderwysers, geliefdes en selfs myself. Ek vergewe elke stem wat mislukking, verwerping of dood verklaar het. Ek breek nou die krag van daardie woorde, in Jesus se Naam. Ek spreek seën, guns en bestemming oor my lewe. Ek is wie U sê ek is – geliefd, uitverkore, genees en vry. In Jesus se Naam. Amen.

DAG 17: BEVRYDING VAN BEHEER EN MANIPULASIE

"Heksery is nie altyd gewade en ketels nie – soms is dit woorde, emosies en onsigbare leibande."

"Want rebellie is soos die sonde van towery, en hardkoppigheid is soos ongeregtigheid en afgodery."
— *1 Samuel 15:23*

Heksery word nie net in heiligdomme aangetref nie. Dit dra dikwels 'n glimlag en manipuleer deur skuldgevoelens, dreigemente, vleiery of vrees. Die Bybel vergelyk rebellie – veral die rebellie wat goddelose beheer oor ander uitoefen – met heksery. Elke keer as ons emosionele, sielkundige of geestelike druk gebruik om iemand anders se wil te oorheers, loop ons in 'n gevaarlike gebied.

Globale Manifestasies

- **Afrika** – Moeders wat kinders in woede vloek, minnaars wat ander vasbind deur "juju" of liefdesdrankies, geestelike leiers wat volgelinge intimideer.
- **Asië** – Goeroe-beheer oor dissipels, ouerlike afpersing in gereëlde huwelike, manipulasies van energiekoorde.
- **Europa** – Vrymesselaarsede wat generasiegedrag, godsdienstige skuldgevoelens en oorheersing beheer.
- **Latyns-Amerika** – Brujería (heksery) word gebruik om vennote te behou, emosionele afpersing gewortel in familievloeke.
- **Noord-Amerika** – Narsistiese ouerskap, manipulerende leierskap vermom as "geestelike bedekking", vreesgebaseerde profesie.

Die stem van heksery fluister dikwels: *"As jy dit nie doen nie, sal jy my verloor, God se guns verloor, of ly."*

Maar ware liefde manipuleer nooit. God se stem bring altyd vrede, helderheid en vryheid van keuse.

Ware Storie — Die Onsigbare Leiband Breek

Grace van Kanada was diep betrokke by 'n profetiese bediening waar die leier begin diktéer het met wie sy kon uitgaan, waar sy kon woon, en selfs hoe om te bid. Aanvanklik het dit geestelik gevoel, maar mettertyd het sy soos 'n gevangene van sy opinies gevoel. Wanneer sy probeer het om 'n onafhanklike besluit te neem, is sy meegedeel dat sy "teen God in opstand kom". Na 'n ineenstorting en die lees van *Greater Exploits 14*, het sy besef dat dit charismatiese heksery was - beheer wat as profesie vermom is.

Grace het die sielsband met haar geestelike leier verwerp, berou getoon vir haar eie instemming met manipulasie, en by 'n plaaslike gemeenskap aangesluit vir genesing. Vandag is sy heel en help sy ander om uit godsdienstige mishandeling te kom.

Aksieplan — Onderskeidende Heksery in Verhoudings

1. Vra jouself af: *Voel ek vry rondom hierdie persoon, of bang om hulle teleur te stel?*
2. Lys verhoudings waar skuldgevoelens, dreigemente of vleiery as beheermaatreëls gebruik word.
3. Verwerp elke emosionele, geestelike of sielsband wat jou oorheers of stemloos laat voel.
4. Bid hardop om elke manipulerende leiband in jou lewe te breek.

Skrifgereedskap

- **1 Samuel 15:23** – Rebellie en heksery
- **Galasiërs 5:1** – "Staan vas... moenie weer onder die juk van slawerny belas word nie."
- **2 Korintiërs 3:17** – "Waar die Gees van die Here is, daar is vryheid."
- **Miga 3:5–7** – Valse profete wat intimidasie en omkopery gebruik

Groepbespreking en -toepassing

- Deel (anoniem indien nodig) 'n tyd toe jy geestelik of emosioneel gemanipuleer gevoel het.
- Rolspeel 'n "waarheidsvertel"-gebed — gee beheer oor ander vry en neem jou wil terug.
- Laat lede briewe skryf (werklik of simbolies) waarin hulle bande met beheerfigure verbreek en vryheid in Christus verklaar.

Bedieningsgereedskap:

- Paar verlossingsvennote.
- Gebruik salfolie om vryheid oor die verstand en wil te verklaar.
- Gebruik nagmaal om die verbond met Christus as die *enigste ware bedekking te herstel*.

Sleutel Insig

Waar manipulasie leef, floreer heksery. Maar waar God se Gees is, is daar vryheid.

Refleksiejoernaal

- Wie of wat het ek toegelaat om my stem, wil of rigting te beheer?
- Het ek al ooit vrees of vleiery gebruik om my sin te kry?
- Watter stappe sal ek vandag neem om in die vryheid van Christus te wandel?

Gebed van Verlossing

Hemelse Vader, ek verloën elke vorm van emosionele, geestelike en sielkundige manipulasie wat in of om my werk. Ek sny elke sielsband af wat gewortel is in vrees, skuldgevoelens en beheer. Ek breek vry van rebellie, oorheersing en intimidasie. Ek verklaar dat ek alleen deur U Gees gelei word. Ek ontvang genade om in liefde, waarheid en vryheid te wandel. In Jesus se Naam. Amen.

DAG 18: DIE KRAG VAN ONVERGEWINGSHEID EN BITTERHEID VERBREK

"**O**nvergewensgesindheid is soos om gif te drink en te verwag dat die ander persoon sal sterf."

"Pasop dat geen bitter wortel uitspruit en onrus veroorsaak en baie mense verontreinig nie."

– *Hebreërs 12:15*

Bitterheid is 'n stille vernietiger. Dit mag begin met seermaak – 'n verraad, 'n leuen, 'n verlies – maar wanneer dit ongemerk gelaat word, ontaard dit in onvergewensgesindheid, en uiteindelik in 'n wortel wat alles vergiftig.

Onvergewensgesindheid maak die deur oop vir kwelende geeste (Matteus 18:34). Dit vertroebel onderskeidingsvermoë, belemmer genesing, verstik jou gebede en blokkeer die vloei van God se krag.

Verlossing gaan nie net oor die uitdryf van demone nie – dit gaan oor die vrylating van wat jy binne-in jou vasgehou het.

GLOBALE UITDRUKKINGS van Bitterheid

- **Afrika** – Stamoorloë, politieke geweld en familieverraad word van geslag tot geslag oorgedra.
- **Asië** – Oneer tussen ouers en kinders, kaste-gebaseerde wonde, godsdienstige verraad.
- **Europa** – Generasie-stilte oor mishandeling, bitterheid oor egskeiding of ontrouheid.
- **Latyns-Amerika** – Wonde van korrupte instellings, familieverwerpings, geestelike manipulasie.

- **Noord-Amerika** – Kerklike seer, rassetrauma, afwesige vaders, ongeregtigheid in die werkplek.

Bitterheid skreeu nie altyd nie. Soms fluister dit: "Ek sal nooit vergeet wat hulle gedoen het nie."

Maar God sê: *Laat dit gaan – nie omdat hulle dit verdien nie, maar omdat jy dit verdien.*

Ware Storie — Die Vrou Wat Nie Sou Vergewe Nie

Maria van Brasilië was 45 toe sy die eerste keer vir verlossing gekom het. Elke nag het sy gedroom dat sy verwurg word. Sy het maagsere, hoë bloeddruk en depressie gehad. Tydens die sessie is dit onthul dat sy haat gekoester het teenoor haar pa wat haar as kind mishandel het – en later die gesin verlaat het.

Sy het 'n Christen geword, maar het hom nooit vergewe nie.

Terwyl sy geween het en hom voor God losgelaat het, het haar liggaam stuiptrekkings gekry – iets het gebreek. Daardie nag het sy vir die eerste keer in 20 jaar vreedsaam geslaap. Twee maande later het haar gesondheid drasties begin verbeter. Sy deel nou haar storie as 'n genesingsafrigter vir vroue.

Aksieplan — Die bitter wortel uittrek

1. **Noem dit** – Skryf die name neer van diegene wat jou seergemaak het – selfs jouself of God (as jy in die geheim kwaad vir Hom was).
2. **Laat dit los** – Sê hardop: *"Ek kies om [naam] te vergewe vir [spesifieke oortreding]. Ek laat hulle los en bevry myself."*
3. **Verbrand dit** – Indien dit veilig is om dit te doen, verbrand of versnipper die papier as 'n profetiese daad van bevryding.
4. **Bid seëninge** oor diegene wat jou te na gekom het – selfs al weerstaan jou emosies jou. Dit is geestelike oorlogvoering.

Skrifgereedskap

- *Matteus 18:21–35* – Die gelykenis van die onvergewensgesinde dienaar
- *Hebreërs 12:15* – Bitter wortels verontreinig baie
- *Markus 11:25* – Vergeef, sodat julle gebede nie verhinder word nie.
- *Romeine 12:19–21* – Laat die wraak aan God oor

GROEPAANSOEK EN BEDIENING

- Vra elke persoon (privaat of skriftelik) om iemand te noem wat hulle sukkel om te vergewe.
- Verdeel in gebedsgroepe om deur die vergifnisproses te stap deur die onderstaande gebed te gebruik.
- Lei 'n profetiese "brandseremonie" waar geskrewe oortredings vernietig en vervang word met verklarings van genesing.

Bedieningsgereedskap:

- Vergifnisverklaringskaarte
- Sagte instrumentale musiek of deurdrenkende aanbidding
- Olie van blydskap (vir salwing na vrylating)

Sleutel Insig

Onvergewensgesindheid is 'n poort wat die vyand uitbuit. Vergifnis is 'n swaard wat die koord van slawerny sny.

Refleksiejoernaal

- Wie moet ek vandag vergewe?
- Het ek myself vergewe – of straf ek myself vir vorige foute?
- Glo ek dat God kan herstel wat ek deur verraad of aanstoot verloor het?

Gebed van Vrystelling

Here Jesus, ek kom voor U met my pyn, woede en herinneringe. Ek kies vandag – deur geloof – om almal te vergewe wat my seergemaak, mishandel, verraai of verwerp het. Ek laat hulle gaan. Ek bevry hulle van oordeel en ek bevry myself van bitterheid. Ek vra U om elke wond te genees en my met U vrede te vul. In Jesus se Naam. Amen.

DAG 19: GENESING VAN SKAAMTE EN VEROORDEELING

N*uut gemaak."'*
"Dié wat na Hom opsien, straal; hulle aangesig is nooit met skaamte bedek nie."
– *Psalm 34:5*

Skaamte is nie net 'n gevoel nie – dit is 'n strategie van die vyand. Dit is die mantel wat hy om diegene draai wat geval, misluk of geskend is. Dit sê: "Jy kan nie naby God kom nie. Jy is te vuil. Te beskadig. Te skuldig."

Maar veroordeling is 'n **leun** – want in Christus **is daar geen veroordeling nie** (Romeine 8:1).

Baie mense wat verlossing soek, bly vasgevang omdat hulle glo dat hulle **vryheid nie werd is nie**. Hulle dra skuldgevoelens soos 'n kenteken en speel hul ergste foute soos 'n gebreekte plaat.

Jesus het nie net vir jou sondes betaal nie – Hy het vir jou skaamte betaal.

Globale Gesigte van Skaamte

- **Afrika** – Kulturele taboes rondom verkragting, onvrugbaarheid, kinderloosheid of versuim om te trou.
- **Asië** – Skaamte gebaseer op oneer as gevolg van familieverwagtinge of godsdienstige afvalligheid.
- **Latyns-Amerika** – Skuldgevoelens weens aborsies, okkulte betrokkenheid of familie-skande.
- **Europa** – Verborge skaamte van geheime sondes, mishandeling of geestesgesondheidsprobleme.
- **Noord-Amerika** – Skaamte as gevolg van verslawing, egskeiding, pornografie of identiteitsverwarring.

Skaamte floreer in stilte – maar dit sterf in die lig van God se liefde.

Ware verhaal — 'n Nuwe naam na aborsie

Jasmine van die VSA het drie aborsies gehad voordat sy tot Christus gekom het. Alhoewel sy gered was, kon sy haarself nie vergewe nie. Elke Moedersdag het soos 'n vloek gevoel. Wanneer mense oor kinders of ouerskap gepraat het, het sy onsigbaar gevoel – en erger nog, onwaardig.

Tydens 'n vroue-retraite het sy 'n boodskap oor Jesaja 61 gehoor — "in plaas van skaamte, 'n dubbele deel." Sy het gehuil. Daardie nag het sy briewe aan haar ongebore kinders geskryf, weer berou getoon voor die Here, en 'n visioen ontvang van Jesus wat haar nuwe name oorhandig: *"Geliefde," "Moeder," "Herstel."*

Sy bedien nou vroue na aborsies en help hulle om hul identiteite in Christus terug te eis.

Aksieplan — Stap uit die skaduwees

1. **Noem die Skaamte** – Skryf neer wat jy weggesteek het of waaroor jy skuldig gevoel het.
2. **Bely die Leuen** – Skryf die beskuldigings neer wat jy geglo het (bv. "Ek is vuil," "Ek is gediskwalifiseer").
3. **Vervang met Waarheid** – Verklaar God se Woord hardop oor jouself (sien Skrifgedeeltes hieronder).
4. **Profetiese Aksie** – Skryf die woord "SKAAM" op 'n stuk papier, skeur of verbrand dit dan. Verklaar: *"Ek is nie meer hieraan gebonde nie!"*

Skrifgereedskap

- *Romeine 8:1–2* – Geen veroordeling in Christus nie
- *Jesaja 61:7* – Dubbele deel vir skande
- *Psalm 34:5* – Glans in Sy teenwoordigheid
- *Hebreërs 4:16* – Vrymoedige toegang tot God se troon
- *Sefanja 3:19–20* – God verwyder skande onder die nasies

Groepaansoek en Bediening

- Nooi deelnemers om anonieme skaamteverklarings te skryf (bv. "Ek het 'n aborsie gehad," "Ek is mishandel," "Ek het bedrog gepleeg") en dit in 'n verseëlde boks te plaas.
- Lees Jesaja 61 hardop en lei dan 'n gebed vir uitruiling – rou vir vreugde, as vir skoonheid, skaamte vir eer.
- Speel aanbiddingsmusiek wat identiteit in Christus beklemtoon.
- Spreek profetiese woorde oor individue wat gereed is om los te laat.

Bedieningsgereedskap:

- Identiteitsverklaringskaarte
- Salwingsolie
- Aanbiddingsspeellys met liedjies soos "You Say" (Lauren Daigle), "No Longer Slaves," of "Who You Say I Am"

Sleutel Insig

Skaamte is 'n dief. Dit steel jou stem, jou vreugde en jou gesag. Jesus het nie net jou sondes vergewe nie – Hy het skaamte van sy krag gestroop.

Refleksiejoernaal

- Wat is die vroegste herinnering aan skaamte wat ek kan onthou?
- Watter leuen het ek oor myself geglo?
- Is ek gereed om myself te sien soos God my sien – rein, stralend en uitverkore?

Gebed van Genesing

Here Jesus, ek bring U my skaamte, my verborge pyn en elke stem van veroordeling. Ek bely dat ek saamstem met die vyand se leuens oor wie ek is. Ek kies om te glo wat U sê – dat ek vergewe, geliefd en nuut gemaak is. Ek ontvang U kleed van geregtigheid en stap in vryheid. Ek loop uit skaamte en in U heerlikheid. In Jesus se Naam, Amen.

DAG 20: HUISHOUDELIKE HEKKERY — WANNEER DIE DUISTERNIS ONDER DIESELFDE DAK WOON

"*Nie elke vyand is buite nie. Sommige dra bekende gesigte.*"
"*'n Man se huisgesin sal sy vyande wees.*"
– *Matteus 10:36*

Van die felste geestelike gevegte word nie in woude of heiligdomme gevoer nie – maar in slaapkamers, kombuise en familie-altare.

Huishoudelike heksery verwys na demoniese bedrywighede wat ontstaan binne 'n mens se familie – ouers, eggenotes, broers en susters, huispersoneel of uitgebreide familie – deur afguns, okkulte praktyke, voorvaderlike altare of direkte geestelike manipulasie.

Verlossing word kompleks wanneer die mense betrokke **diegene is wat ons liefhet of saam met hulle leef.**

Globale voorbeelde van huishoudelike heksery

- **Afrika** – 'n Jaloerse stiefma stuur vloeke deur kos; 'n broer of suster roep geeste op teen 'n meer suksesvolle broer.
- **Indië en Nepal** – Moeders wy kinders aan gode by geboorte; huisaltare word gebruik om lotgevalle te beheer.
- **Latyns-Amerika** – Brujeria of Santeria wat in die geheim deur familielede beoefen word om eggenote of kinders te manipuleer.
- **Europa** – Verborge Vrymesselary of okkulte ede in familielyne; psigiese of spiritualistiese tradisies oorgedra.
- **Noord-Amerika** – Wicca- of nuwe era-ouers "seën" hul kinders met kristalle, energiereiniging of tarot.

Hierdie magte mag dalk agter familieliefde skuil, maar hul doel is beheer, stagnasie, siekte en geestelike slawerny.

Ware verhaal — My vader, die profeet van die dorp

'n Vrou van Wes-Afrika het grootgeword in 'n huis waar haar pa 'n hoogs gerespekteerde dorpsprofeet was. Vir buitestaanders was hy 'n geestelike gids. Agter geslote deure het hy towerspreuke in die kompleks begrawe en opofferings gemaak namens families wat guns of wraak soek.

Vreemde patrone het in haar lewe ontstaan: herhaalde nagmerries, mislukte verhoudings en onverklaarbare siektes. Toe sy haar lewe aan Christus gegee het, het haar pa teen haar gedraai en verklaar dat sy nooit sonder sy hulp sou slaag nie. Haar lewe het jare lank in 'n spiraal verander.

Na maande van middernagtelike gebede en vas, het die Heilige Gees haar gelei om elke sielsband met haar vader se okkultiese mantel te verloën. Sy het geskrifte in haar mure begrawe, ou tekens verbrand en haar drumpel daagliks gesalf. Stadig maar seker het deurbrake begin: haar gesondheid het teruggekeer, haar drome het verwesenlik, en sy het uiteindelik getrou. Sy help nou ander vroue wat huisaltare in die gesig staar.

Aksieplan — Konfronteer die Familiêre Gees

1. **Onderskei sonder oneer** – Vra God om verborge kragte sonder haat te openbaar.
2. **Verbreek sielsooreenkomste** – Verloën elke geestelike band wat deur rituele, altare of gesproke ede gemaak word.
3. **Geestelik afgeskeie** – Selfs al woon jy in dieselfde huis, kan jy **geestelik ontkoppel** deur gebed.
4. **Heilig jou ruimte** – Salf elke kamer, voorwerp en drumpel met olie en Skrif.

Skrifgereedskap

- *Miga 7:5–7* – Moenie op 'n naaste vertrou nie.
- *Psalm 27:10* – "Al sou my vader en my moeder my verlaat..."
- *Lukas 14:26* – Om Christus meer lief te hê as familie
- *2 Konings 11:1–3* – Verborge verlossing van 'n moorddadige koninginmoeder

- *Jesaja 54:17* – Geen wapen wat gesmee word, sal voorspoedig wees nie.

Groepaansoek

- Deel ervarings waar teenstand van binne die gesin gekom het.
- Bid vir wysheid, dapperheid en liefde te midde van huishoudelike weerstand.
- Lei 'n verloëningsgebed vanaf elke sielsband of gesproke vloek wat deur familielede gemaak word.

Bedieningsgereedskap:

- Salwingsolie
- Vergifnisverklarings
- Gebede vir die vrystelling van verbond
- Psalm 91 gebedsbedekking

Sleutel Insig
Die bloedlyn kan 'n seën of 'n slagveld wees. Jy word geroep om dit te verlos, nie om daardeur regeer te word nie.

Refleksiejoernaal

- Het ek al ooit geestelike weerstand van iemand na aan my ervaar?
- Is daar iemand wat ek moet vergewe – selfs al is hulle steeds in heksery bedrywig?
- Is ek bereid om afgesonder te word, selfs al kos dit verhoudings?

Gebed van Skeiding en Beskerming
Vader, ek erken dat die grootste teenstand van diegene naaste aan my kan kom. Ek vergewe elke huishoudelike lid wat wetend of onwetend teen my bestemming werk. Ek verbreek elke sielsband, vloek en verbond wat deur my familielyn gesluit is wat nie in lyn is met U Koninkryk nie. Deur die bloed van Jesus heilig ek my huis en verklaar: wat my en my huis betref, ons sal die Here dien. Amen.

DAG 21: DIE JEZEBEL GEES — VERLEIDING, BEHEER EN GODSDIENSTIGE MANIPULASIE

"*Maar Ek het dit teen jou: jy verdra die vrou Isebel, wat haarself 'n profetes noem. Sy mislei deur haar leer...*" — Openbaring 2:20
"*Haar einde sal skielik kom, sonder genesing.*" — Spreuke 6:15

Sommige geeste skree van buite af.
Isebel fluister van binne af.
Sy versoek nie net nie – sy **usurpeer, manipuleer en korrupteer**, wat bedieninge verpletter, huwelike versmoor en nasies deur rebellie verlei.

Wat is die Isebel Gees?

Die Isebel-gees:

- Boots profesie na om te mislei
- Gebruik sjarme en verleiding om te beheer
- Haat ware gesag en maak profete stil
- Verberg trots agter valse nederigheid
- Heg dikwels aan leierskap of diegene na daaraan

mans of vroue opereer, en dit floreer waar ongekontroleerde mag, ambisie of verwerping ongenees bly.

Globale Manifestasies

- **Afrika** – Valse profetesse wat altare manipuleer en lojaliteit met vrees eis.
- **Asië** – Godsdienstige mistici meng verleiding met visioene om geestelike kringe te oorheers.
- **Europa** – Antieke godinkultusse herleef in Nuwe Era-praktyke onder

die naam van bemagtiging.
- **Latyns-Amerika** – Santeria-priesteresse wat beheer oor gesinne uitoefen deur middel van "geestelike advies".
- **Noord-Amerika** – Beïnvloeders op sosiale media bevorder "goddelike vroulikheid" terwyl hulle Bybelse onderwerping, gesag of reinheid bespot.

Ware storie: *Die Isebel wat op die altaar gesit het*

In 'n Karibiese nasie het 'n kerk wat aan die brand was vir God begin dof word – stadig, subtiel. Die voorbiddingsgroep wat eens vir middernagtelike gebede bymekaargekom het, het begin verstrooi. Die jeugbediening het in 'n skandaal verval. Huwelike in die kerk het begin misluk, en die eens vurige pastoor het besluiteloos en geestelik moeg geword.

In die middelpunt van dit alles was 'n vrou — **Suster R.** Pragtig, charismaties en vrygewig, sy is deur baie bewonder. Sy het altyd 'n "woord van die Here" en 'n droom oor almal se bestemming gehad. Sy het vrygewig aan kerkprojekte gegee en 'n plek naby die pastoor verdien.

Agter die skerms het sy subtiel **ander vroue belaster** , 'n junior pastoor verlei en saad van verdeeldheid gesaai. Sy het haarself as 'n geestelike gesag geposisioneer terwyl sy die werklike leierskap stilweg ondermyn het.

Een nag het 'n tienermeisie in die kerk 'n helder droom gehad – sy het 'n slang onder die preekstoel sien kronkel en in die mikrofoon gefluister. Verskrik het sy dit met haar ma gedeel, wat dit na die pastoor gebring het.

Die leierskap het besluit om op 'n **driedaagse vas te gaan** om God se leiding te soek. Op die derde dag, tydens 'n gebedsessie, het Suster R begin om gewelddadig te manifesteer. Sy het gesis, geskree en ander van heksery beskuldig. 'n Kragtige verlossing het gevolg, en sy het bely: sy is in haar laat tienerjare in 'n geestelike orde ingewy, met die taak om **kerke te infiltreer om "hul vuur te steel".**

Sy was reeds in **vyf kerke** voor hierdie een. Haar wapen was nie luidrugtig nie – dit was **vleiery, verleiding, emosionele beheer** en profetiese manipulasie.

Vandag het daardie kerk sy altaar herbou. Die preekstoel is weer ingewy. En daardie jong tienermeisie? Sy is nou 'n vurige evangelis wat 'n vrouegebedsbeweging lei.

Aksieplan — Hoe om Jesebel te konfronteer

1. **Bekeer jou** van enige manier waarop jy saamgewerk het met manipulasie, seksuele beheer of geestelike trots.
2. **Onderskei** Isebel se eienskappe — vleiery, rebellie, verleiding, valse profesie.
3. **Verbreek sielsbande** en onheilige alliansies in gebed – veral met enigiemand wat jou van God se stem wegtrek.
4. **Verklaar jou gesag** in Christus. Isebel vrees diegene wat weet wie hulle is.

Skrifarsenaal:

- 1 Konings 18–21 – Isebel teenoor Elia
- Openbaring 2:18–29 – Christus se waarskuwing aan Thiatire
- Spreuke 6:16–19 – Wat God haat
- Galasiërs 5:19–21 – Werke van die vlees

Groepaansoek

- Bespreek: Het jy al ooit geestelike manipulasie gesien? Hoe het dit homself vermom?
- Verklaar as 'n groep 'n "geen verdraagsaamheid"-beleid vir Isebel — in die kerk, huis of leierskap.
- Indien nodig, doen 'n **verlossingsgebed** of vas om haar invloed te breek.
- Wy enige bediening of altaar wat gekompromitteer is, weer toe.

Bedieningsgereedskap:

Gebruik salfolie. Skep ruimte vir belydenis en vergifnis. Sing aanbiddingsliedere wat die **Heerskappy van Jesus verkondig.**

Sleutel Insig

Isebel floreer waar **onderskeidingsvermoë laag** en **verdraagsaamheid hoog is**. Haar heerskappy eindig wanneer geestelike gesag ontwaak.

Refleksiejoernaal

- Het ek toegelaat dat manipulasie my lei?
- Is daar mense of invloede wat ek bo God se stem verhef het?
- Het ek my profetiese stem uit vrees of beheer stilgemaak?

Gebed van Verlossing

Here Jesus, ek verloën elke bondgenootskap met die Jesebel-gees. Ek verwerp verleiding, beheer, valse profesie en manipulasie. Reinig my hart van trots, vrees en kompromie. Ek neem my gesag terug. Laat elke altaar wat Jesebel in my lewe gebou het, afgebreek word. Ek troon U, Jesus, as Here oor my verhoudings, roeping en bediening. Vul my met onderskeidingsvermoë en vrymoedigheid. In U Naam, Amen.

DAG 22: LUISLANE EN GEBEDE — DIE GEES VAN VERNEDIGING VERBREEK

"*Eendag, toe ons na die bidplek op pad was, is ons teëgekom deur 'n slavin met 'n gees van 'n python...*" — Handelinge 16:16

"*Jy sal op die leeu en die adder trap...*" — Psalm 91:13

Daar is 'n gees wat nie byt nie – dit **druk**.

Dit versmoor jou vuur. Dit kronkel om jou gebedslewe, jou asem, jou aanbidding, jou dissipline – totdat jy begin moed opgee met wat jou eens krag gegee het.

Dit is die gees van **Python** — 'n demoniese mag wat **geestelike groei vertraag, die bestemming vertraag, gebed verwurg en profesie vervals**.

Globale Manifestasies

- **Afrika** – Die luislanggees verskyn as valse profetiese krag, wat in mariene en woudheiligdomme opereer.
- **Asië** – Slanggeeste word aanbid as gode wat gevoed of gepaai moet word.
- **Latyns-Amerika** – Santeria-slangaltare wat vir rykdom, wellus en mag gebruik word.
- **Europa** – Slangsimbole in heksery, fortuinvertellery en psigiese kringe.
- **Noord-Amerika** – Nagemaakte "profetiese" stemme gewortel in rebellie en geestelike verwarring.

Getuienis: *Die meisie wat nie kon asemhaal nie*

Marisol van Colombia het elke keer kortasem begin kry wanneer sy gekniel het om te bid. Haar bors het toegetrek. Haar drome was gevul met beelde van slange wat om haar nek kronkel of onder haar bed rus. Dokters het niks medies verkeerd gevind nie.

Eendag het haar ouma erken dat Marisol as kind "toegewy" was aan 'n berggees wat bekend was daarvoor dat dit as 'n slang verskyn het. Dit was 'n **"beskermergees"**, maar dit het teen 'n prys gekom.

Tydens 'n bevrydingsbyeenkoms het Marisol hewig begin skree toe hande op haar gelê is. Sy het iets in haar maag, teen haar bors en toe uit haar mond gevoel beweeg soos lug wat uitgestoot word.

Na daardie ontmoeting het die asemloosheid geëindig. Haar drome het verander. Sy het gebedsbyeenkomste begin lei – die einste ding wat die vyand eens uit haar probeer wurg het.

Tekens dat jy dalk onder die invloed van die Python-gees is

- Moegheid en swaarmoedigheid wanneer jy probeer bid of aanbid
- Profetiese verwarring of misleidende drome
- Konstante gevoelens van verstik, geblokkeer of gebonde wees
- Depressie of wanhoop sonder duidelike oorsaak
- Verlies van geestelike begeerte of motivering

Aksieplan – Verbreking van Vernauwing

1. **Bekeer jou** van enige okkulte, psigiese of voorvaderlike betrokkenheid.
2. **Verklaar jou liggaam en gees as God s'n alleen.**
3. **Vas en voer oorlog** met behulp van Jesaja 27:1 en Psalm 91:13.
4. **Salf jou keel, bors en voete** — en eis vryheid op om te spreek, asem te haal en in waarheid te wandel.

Bevrydings Skrifgedeeltes:

- Handelinge 16:16–18 – Paulus dryf die luislanggees uit
- Jesaja 27:1 – God straf Leviatan, die vlugtende slang
- Psalm 91 – Beskerming en gesag
- Lukas 10:19 – Mag om slange en skerpioene te vertrap

GROEPAANSOEK

- Vra: Wat verstik ons gebedslewe – persoonlik en gesamentlik?
- Lei 'n groep se asemhalingsgebed — en verklaar die **asem van God** (Ruach) oor elke lid.
- Verbreek elke valse profetiese invloed of slangagtige druk in aanbidding en voorbidding.

Bedieningsinstrumente: Aanbidding met fluite of aseminstrumente, simboliese sny van toue, gebedsdoeke vir asemhalingsvryheid.

Sleutel Insig

Die Python-gees versmoor wat God wil hê moet voortbring. Dit moet gekonfronteer word om jou asem en vrymoedigheid te herwin.

Refleksiejoernaal

- Wanneer laas het ek my ten volle vry gevoel in gebed?
- Is daar tekens van geestelike moegheid wat ek ignoreer?
- Het ek onwetend "geestelike raad" aanvaar wat meer verwarring veroorsaak het?

Gebed van Verlossing

Vader, in die Naam van Jesus, verbreek ek elke benouende gees wat opgedra is om my doel te verstik. Ek verloën die luislanggees en alle valse profetiese stemme. Ek ontvang die asem van U Gees en verklaar: Ek sal vrylik asemhaal, vrymoedig bid en opreg wandel. Elke slang wat om my lewe gedraai is, word afgesny en uitgewerp. Ek ontvang nou verlossing. Amen.

DAG 23: TRONE VAN ONGELDIGHEID — DIE AFBREKING VAN TERRITORIALE VESTINGS

"*Sal die troon van ongeregtigheid, wat deur die wet kwaad beraam, gemeenskap met U hê?*" — Psalm 94:20

"*Ons worstelstryd is nie teen vlees en bloed nie, maar teen... heersers van die duisternis...*" — Efesiërs 6:12

Daar is onsigbare **trone** – gevestig in stede, nasies, families en stelsels – waar demoniese magte **wettiglik regeer** deur verbonde, wetgewing, afgodery en langdurige rebellie.

Dit is nie lukrake aanvalle nie. Dit is **gekroonde owerhede**, diep gewortel in strukture wat boosheid oor geslagte heen laat voortduur.

Totdat hierdie trone **geestelik afgebreek word**, sal die siklusse van duisternis voortduur – ongeag hoeveel gebed op oppervlakkige vlak aangebied word.

Globale Vestings en Trone

- **Afrika** – Trone van heksery in koninklike bloedlyne en tradisionele rade.
- **Europa** – Trone van sekularisme, vrymesselary en gewettigde rebellie.
- **Asië** – Trone van afgodery in voorvaderlike tempels en politieke dinastieë.
- **Latyns-Amerika** – Trone van narkotreur, doodskultusse en korrupsie.
- **Noord-Amerika** – Trone van perversie, aborsie en rasse-onderdrukking.

Hierdie trone beïnvloed besluite, onderdruk waarheid en **verslind lotgevalle**.

Getuienis: *Verlossing van 'n Stadsraadslid*

In 'n stad in Suider-Afrika het 'n nuutverkose Christen-raadslid ontdek dat elke ampsdraer voor hom óf mal geword het, geskei óf skielik oorlede is.

Na dae van gebed het die Here 'n **troon van bloedoffers geopenbaar** wat onder die munisipale gebou begrawe was. 'n Plaaslike siener het lank gelede towerspreuke geplant as deel van 'n territoriale eis.

Die raadslid het voorbidders bymekaargemaak, gevas en middernag in die raadsale aanbidding gehou. Oor drie nagte het personeel vreemde gille in die mure aangemeld, en die krag het geflikker.

Binne 'n week het bekentenisse begin. Korrupte kontrakte is blootgelê, en binne maande het openbare dienste verbeter. Die troon het geval.

Aksieplan – Onttrooning van Duisternis

1. **Identifiseer die troon** – vra die Here om vir jou territoriale vestings in jou stad, amp, bloedlyn of streek te wys.
2. **Bekeer julle namens die land** (Daniël 9-styl voorbidding).
3. **Aanbid strategies** — trone verkrummel wanneer God se heerlikheid oorneem (sien 2 Kron. 20).
4. **Verkondig die Naam van Jesus** as die enigste ware Koning oor daardie domein.

Anker Skrifgedeeltes:

- Psalm 94:20 – Trone van ongeregtigheid
- Efesiërs 6:12 – Heersers en maghebbers
- Jesaja 28:6 – Gees van geregtigheid vir die wat die oorlog aanpak
- 2 Konings 23 – Josia vernietig afgodiese altare en trone

GROEPBETROKKENHEID

- Hou 'n "spirituele kaart"-sessie van jou buurt of stad.
- Vra: Wat is die siklusse van sonde, pyn of onderdrukking hier?

- Stel "wagte" aan om weekliks by belangrike poortliggings te bid: skole, howe, markte.
- Die leiergroep spreek bevele uit teen geestelike heersers met behulp van Psalm 149:5–9.

Bedieningsgereedskap: Shofars, stadskaarte, olyfolie vir grondwyding, gebedswandelgidse.

Sleutel Insig

As jy transformasie in jou stad wil sien, **moet jy die troon agter die stelsel uitdaag** – nie net die gesig daarvoor nie.

Refleksiejoernaal

- Is daar herhalende gevegte in my stad of familie wat groter as ek voel?
- Het ek 'n stryd geërf teen 'n troon wat ek nie bestyg het nie?
- Watter "heersers" moet in gebed ontset word?

Gebed van Oorlog

O Here, ontbloot elke troon van ongeregtigheid wat oor my gebied heers. Ek verklaar die Naam van Jesus as die enigste Koning! Laat elke verborge altaar, wet, verbond of mag wat duisternis afdwing, deur vuur verstrooi word. Ek neem my plek as 'n voorbidder in. Deur die bloed van die Lam en die woord van my getuienis, breek ek trone af en bevestig ek Christus oor my huis, stad en nasie. In Jesus se Naam. Amen.

DAG 24: SIELFRAGMENTE — WANNEER DELE VAN JOU ONTBREEK

"*Hy verkwik my siel...*" — Psalm 23:3

"*Ek sal jou wonde genees, spreek die Here, want jy word 'n uitgeworpene genoem...*" — Jeremia 30:17

Trauma het 'n manier om die siel te verpletter. Mishandeling. Verwerping. Verraad. Skielike vrees. Langdurige hartseer. Hierdie ervarings laat nie net herinneringe agter nie – hulle **breek jou innerlike mens**.

Baie mense loop rond en lyk heel, maar leef met **stukkies van hulself wat ontbreek**. Hul vreugde is versplinter. Hul identiteit is verstrooi. Hulle is vasgevang in emosionele tydsones – 'n deel van hulle is vasgevang in 'n pynlike verlede, terwyl die liggaam aanhou verouder.

Dit is **sielfragmente** – dele van jou emosionele, sielkundige en geestelike self wat afgebreek is as gevolg van trauma, demoniese inmenging of hekserymanipulasie.

Totdat daardie stukke bymekaargemaak, genees en deur Jesus herintegreer word, **bly ware vryheid ontwykend**.

Globale Sieldiefstalpraktyke

- **Afrika** – Toordokters wat mense se "essensie" in flesse of spieëls vasvang.
- **Asië** – Sielvangsrituele deur goeroes of tantriese praktisyns.
- **Latyns-Amerika** – Sjamanistiese sielsplitsing vir beheer of vloeke.
- **Europa** – Okkulte spieëlmagie wat gebruik word om identiteit te verbreek of guns te steel.
- **Noord-Amerika** – Trauma as gevolg van molestering, aborsie of identiteitsverwarring skep dikwels diep sielwonde en fragmentasie.

Storie: *Die meisie wat nie kon voel nie*

Andrea, 'n 25-jarige van Spanje, het jare lank molestering deur 'n familielid verduur. Alhoewel sy Jesus aangeneem het, het sy emosioneel gevoelloos gebly. Sy kon nie huil, liefhê of empatie voel nie.

'n Besoekende predikant het haar 'n vreemde vraag gevra: "Waar het jy jou vreugde gelaat?" Terwyl Andrea haar oë toegemaak het, het sy onthou hoe sy 9 jaar oud was, opgerol in 'n kas, en vir haarself gesê het: "Ek sal nooit weer voel nie."

Hulle het saam gebid. Andrea het vergewe, innerlike geloftes verwerp en Jesus in daardie spesifieke herinnering ingenooi. Sy het vir die eerste keer in jare onbeheerbaar gehuil. Daardie dag **is haar siel herstel**.

Aksieplan – Sielherwinning en Genesing

1. Vra die Heilige Gees: *Waar het ek 'n deel van myself verloor?*
2. Vergewe enigiemand wat by daardie oomblik betrokke was, en **verwerp innerlike geloftes** soos "Ek sal nooit weer vertrou nie."
3. Nooi Jesus in die herinnering in, en spreek genesing in daardie oomblik in.
4. Bid: *"Here, herstel my siel. Ek roep elke stukkie van my om terug te keer en heelgemaak te word."*

Sleutel Skrifgedeeltes:

- Psalm 23:3 – Hy verkwik die siel
- Lukas 4:18 – Genesing van die gebrokenes van hart
- 1 Tessalonisense 5:23 – Gees, siel en liggaam bewaar
- Jeremia 30:17 – Genesing vir uitgeworpenes en wonde

Groepaansoek

- Lei lede deur 'n begeleide **innerlike genesingsgebedsessie**.
- Vra: *Is daar oomblikke in jou lewe waar jy opgehou het om te vertrou, te voel of te droom?*
- Rolspeel "terugkeer na daardie kamer" met Jesus en kyk hoe Hy die wond genees.

- Laat vertroude leiers sagkens hande op hoofde lê en herstel van siel verklaar.

Bedieningsgereedskap: Aanbiddingsmusiek, sagte beligting, sneesdoekies, joernaalaanwysings.

Sleutel Insig

Verlossing is nie net die uitdryf van demone nie. Dit is **die bymekaarmaak van die gebroke stukke en die herstel van identiteit**.

Refleksiejoernaal

- Watter traumatiese gebeure beheer steeds hoe ek vandag dink of voel?
- Het ek ooit gesê: "Ek sal nooit weer liefhê nie," of "Ek kan niemand meer vertrou nie"?
- Hoe lyk "heelheid" vir my - en is ek gereed daarvoor?

GEBED VAN HERSTEL

Jesus, U is die Herder van my siel. Ek bring U na elke plek waar ek verpletter is – deur vrees, skaamte, pyn of verraad. Ek verbreek elke innerlike gelofte en vloek wat in trauma uitgespreek is. Ek vergewe diegene wat my gewond het. Nou roep ek elke stukkie van my siel om terug te keer. Herstel my ten volle – gees, siel en liggaam. Ek is nie vir ewig gebroke nie. Ek is heel in U. In Jesus se Naam. Amen.

DAG 25: DIE VLOEK VAN VREEMDE KINDERS — WANNEER DIE LOT BY GEBOORTE VERRUIL WORD

"*Hulle kinders is vreemde kinders; nou sal die maand hulle verslind met hul dele.*" — Hosea 5:7

"*Voordat Ek jou in die moederskoot gevorm het, het Ek jou geken...*" — Jeremia 1:5

Nie elke kind wat in 'n huis gebore word, was vir daardie huis bedoel nie.

Nie elke kind wat jou DNS dra, dra jou nalatenskap nie.

Die vyand het **geboorte lank reeds as 'n slagveld gebruik** – hy ruil bestemmings uit, plant nagemaakte nageslag, inisieer babas in donker verbonde, en peuter met baarmoeders voordat bevrugting selfs begin.

Dit is nie net 'n fisiese kwessie nie. Dit is **'n geestelike transaksie** – wat altare, offerandes en demoniese wettigheid behels.

Wat is vreemde kinders?

"Vreemde kinders" is:

- Kinders wat gebore word deur okkulte toewyding, rituele of seksuele verbonde.
- Nageslag word by geboorte omgeruil (hetsy geestelik of fisies).
- Kinders wat donker opdragte in 'n familie of afstamming dra.
- Siele wat in die baarmoeder gevange geneem is deur middel van heksery, nekromansie of generasie-altare.

Baie kinders word groot in rebellie, verslawing, haat teenoor ouers of self – nie net as gevolg van swak ouerskap nie, maar as gevolg van **wie hulle geestelik by geboorte opgeëis het**.

GLOBALE UITDRUKKINGS

- **Afrika** – Geestelike uitruilings in hospitale, baarmoederbesoedeling deur mariene geeste of rituele seks.
- **Indië** – Kinders word voor geboorte in tempels of karma-gebaseerde bestemmings ingewy.
- **Haïti en Latyns-Amerika** – Santeria-toewydings, kinders verwek op altare of na towerspreuke.
- **Westerse Nasies** – IVF en surrogaatskappraktyke soms gekoppel aan okkulte kontrakte of skenkerafstammelinge; aborsies wat geestelike deure ooplaat.
- **Inheemse Kulture Wêreldwyd** – Geesnaamgewingseremonies of totemiese oordragte van identiteit.

Storie: *Die Baba met die Verkeerde Gees*

Clara, 'n verpleegster van Uganda, het vertel hoe 'n vrou haar pasgebore baba na 'n gebedsbyeenkoms gebring het. Die kind het aanhoudend geskree, melk verwerp en gewelddadig op gebed gereageer.

'n Profetiese woord het onthul dat die baba by geboorte in die gees "uitgeruil" is. Die moeder het erken dat 'n toordokter oor haar maag gebid het terwyl sy desperaat vir 'n kind was.

Deur bekering en intense gebede vir verlossing het die baba slap geword, toe vreedsaam. Die kind het later gefloreer – en tekens van herstelde vrede en ontwikkeling getoon.

Nie alle lyding by kinders is natuurlik nie. Sommige is **toewysings vanaf bevrugting**.

Aksieplan – Herwinning van die baarmoederbestemming

1. As jy 'n ouer is, **wy jou kind opnuut aan Jesus Christus toe**.
2. Verloën enige voorgeboortelike vloeke, toewydings of verbonde – selfs onwetend deur voorouers gemaak.
3. Praat direk met jou kind se gees in gebed: *"Jy behoort aan God. Jou bestemming is herstel."*
4. Indien kinderloos, bid oor jou baarmoeder en verwerp alle vorme van geestelike manipulasie of peuter.

Sleutel Skrifgedeeltes:

- Hosea 9:11–16 – Oordeel oor vreemde saad
- Jesaja 49:25 – Stry vir jou kinders
- Lukas 1:41 – Geesvervulde kinders van die moederskoot af
- Psalm 139:13–16 – God se doelbewuste ontwerp in die baarmoeder

Groepbetrokkenheid

- Laat ouers name of foto's van hul kinders saambring.
- Verklaar oor elke naam: "Jou kind se identiteit is herstel. Elke vreemde hand is afgekap."
- Bid vir geestelike reiniging van die baarmoeder vir alle vroue (en mans as geestelike draers van saad).
- Gebruik nagmaal om die herwinning van bloedlynbestemming te simboliseer.

Bedieningsgereedskap: Nagmaal, salfolie, gedrukte name of baba-items (opsioneel).

Sleutel Insig

Satan teiken die baarmoeder, want **dit is waar profete, krygers en bestemmings gevorm word**. Maar elke kind kan deur Christus teruggeëis word.

Refleksiejoernaal

- Het ek al ooit vreemde drome gehad tydens swangerskap of na geboorte?
- Sukkel my kinders op maniere wat onnatuurlik lyk?
- Is ek gereed om die geestelike oorsprong van generasie-rebellie of vertraging te konfronteer?

Gebed van Herwinning

Vader, ek bring my baarmoeder, my saad en my kinders na U altaar. Ek bely enige deur – bekend of onbekend – wat die vyand toegang gegee het. Ek verbreek elke vloek, toewyding en demoniese opdrag wat aan my kinders gekoppel is. Ek spreek oor hulle: Julle is heilig, uitverkore en verseël vir God se eer. Julle bestemming is verlos. In Jesus se Naam. Amen.

DAG 26: VERBORGE ALTARE VAN MAG — BREEK VRY VAN ELITE OKKULTIESE VERBONDES

"*Weer het die duiwel Hom na 'n baie hoë berg geneem en Hom al die koninkryke van die wêreld en hulle heerlikheid gewys en gesê: 'Dit alles sal ek U gee as U neerbuig en my aanbid.'*" — Matteus 4:8–9

Baie mense dink sataniese mag word slegs in agterkamerrituele of donker dorpies gevind. Maar sommige van die gevaarlikste verbonde is versteek agter gepoleerde pakke, eliteklubs en invloed wat oor verskeie generasies strek.

Dit is **altare van mag** – gevorm deur bloedede, inisiasies, geheime simbole en gesproke beloftes wat individue, families en selfs hele nasies aan Lucifer se heerskappy bind. Van Vrymesselary tot Kabbalistiese rituele, van Oosterse ster-inisiasies tot antieke Egiptiese en Babiloniese misterieskole – hulle belowe verligting, maar lewer slawerny.

Globale verbindings

- **Europa en Noord-Amerika** – Vrymesselary, Rosekruisers, Orde van die Goue Dageraad, Skull & Bones, Boheemse Bos, Kabbalah-inisiasies.
- **Afrika** – Politieke bloedverdragte, voorvadergeeste-ooreenkomste vir heerskappy, hoëvlak-heksery-alliansies.
- **Asië** – Verligte samelewings, drakegeespakte, bloedlyn-dinastieë gekoppel aan antieke towery.
- **Latyns-Amerika** – Politieke Santeria, kartel-gekoppelde rituele beskerming, pakte gesluit vir sukses en immuniteit.
- **Midde-Ooste** – Antieke Babiloniese, Assiriese rituele wat onder godsdienstige of koninklike dekmantel oorgedra is.

Getuienis – 'n Vrymesselaar se kleinseun vind vryheid

Carlos, wat in 'n invloedryke familie in Argentinië grootgeword het, het nooit geweet dat sy oupa die 33ste graad van Vrymesselary bereik het nie. Vreemde manifestasies het sy lewe geteister – slaapverlamming, verhoudingssabotasie en 'n voortdurende onvermoë om vordering te maak, maak nie saak hoe hard hy probeer het nie.

Nadat hy 'n bevrydingslesing bygewoon het wat elite-okultistiese skakels blootgelê het, het hy sy familiegeskiedenis gekonfronteer en Vrymesselaars-uitrusting en verborge joernale gevind. Tydens 'n middernagtelike vas het hy elke bloedverbond verloën en vryheid in Christus verklaar. Daardie selfde week het hy die deurbraak in sy werk ontvang waarop hy jare gewag het.

Hoëvlak altare skep hoëvlak teenstand – maar die **bloed van Jesus** spreek harder as enige eed of ritueel.

Aksieplan – Die Ontbloting van die Verborge Losie

1. **Ondersoek** : Is daar Vrymesselaars-, esoteriese of geheime verbintenisse in jou bloedlyn?
2. **Verloën** elke bekende en onbekende verbond deur middel van verklarings gebaseer op Matteus 10:26–28.
3. **Verbrand of verwyder** enige okkulte simbole: piramides, alsiende oë, kompasse, obeliske, ringe of gewade.
4. **Bid hardop** :

"Ek verbreek elke verborge ooreenkoms met geheime genootskappe, ligkultusse en valse broederskappe. Ek dien slegs die Here Jesus Christus."

Groepaansoek

- Laat lede enige bekende of vermoedelike elite okkulte bande uitskryf.
- Lei 'n **simboliese daad van die verbreek van bande** — skeur papiere, verbrand beelde, of salf hul voorkoppe as 'n seël van skeiding.
- Gebruik **Psalm 2** om die verbreking van nasionale en familiesameswerings teen die Here se gesalfde te verklaar.

Sleutel Insig

Satan se grootste greep is dikwels geklee in geheimhouding en prestige. Ware vryheid begin wanneer jy daardie altare blootlê, verwerp en verplaas met aanbidding en waarheid.

Refleksiejoernaal

- Het ek rykdom, mag of geleenthede geërf wat geestelik "af" voel?
- Is daar geheime verbintenisse in my voorgeslag wat ek geïgnoreer het?
- Wat sal dit my kos om goddeloses se toegang tot mag af te sny – en is ek gewillig?

Gebed van Verlossing

Vader, ek kom uit elke verborge losie, altaar en ooreenkoms – in my naam of namens my bloedlyn. Ek sny elke sielsband, elke bloedband en elke eed wat wetend of onwetend afgelê is. Jesus, U is my enigste Lig, my enigste Waarheid en my enigste bedekking. Laat U vuur elke goddelose skakel na mag, invloed of misleiding verteer. Ek ontvang totale vryheid, in Jesus se Naam. Amen.

DAG 27: ONHEILIGE ALLIANSIË — VRYMESSELAARY, ILLUMINATI & GEESTELIKE INFILTRASIE

"*Moenie te doen hê met die vrugtelose werke van die duisternis nie, maar bestraf hulle liewer.*" – Efesiërs 5:11

"*Julle kan nie die beker van die Here drink nie, maar ook die beker van die duiwels.*" – 1 Korintiërs 10:21

Daar is geheime genootskappe en globale netwerke wat hulself as onskadelike broederlike organisasies aanbied – wat liefdadigheid, verbintenis of verligting aanbied. Maar agter die gordyn lê dieper ede, bloedrituele, sielsbande en lae van Luciferiaanse leerstellings gehul in "lig".

Vrymesselary, die Illuminati, Eastern Star, Skull and Bones, en hul susternetwerke is nie net sosiale klubs nie. Hulle is altare van trou – sommige dateer eeue terug – wat ontwerp is om geestelik families, regerings en selfs kerke te infiltreer.

Globale Voetspoor

- **Noord-Amerika en Europa** – Vrymesselary-tempels, Skotse Rite-losies, Yale se Skedel en Bene.
- **Afrika** – Politieke en koninklike inisiasies met Vrymesselaarsrites, bloedpakte vir beskerming of mag.
- **Asië** – Kabbalah-skole vermom as mistieke verligting, geheime kloosterrites.
- **Latyns-Amerika** – Verborge elite-ordes, Santeria het saamgesmelt met elite-invloed en bloedpakte.
- **Midde-Ooste** – Antieke Babiloniese geheime genootskappe gekoppel aan magstrukture en valse ligaanbidding.

HIERDIE NETWERKE DIKWELS:

- Vereis bloed of gesproke ede.
- Gebruik okkulte simbole (kompasse, piramides, oë).
- Voer seremonies uit om 'n mens se siel aan 'n orde aan te roep of toe te wy.
- Verleen invloed of rykdom in ruil vir geestelike beheer.

Getuienis – 'n Biskop se Belydenis

'n Biskop in Oos-Afrika het voor sy kerk bely dat hy eenkeer op 'n lae vlak tydens universiteit by Vrymesselary aangesluit het – bloot vir "konneksies". Maar soos hy deur die geledere gestyg het, het hy vreemde vereistes begin raaksien: 'n eed van stilte, seremonies met blinddoeke en simbole, en 'n "lig" wat sy gebedslewe koud gemaak het. Hy het opgehou droom. Hy kon nie die Skrif lees nie.

Nadat hy berou gehad het en elke rang en gelofte in die openbaar verwerp het, het die geestelike mis opgelig. Vandag preek hy Christus met vrymoedigheid en onthul hy waaraan hy eens deelgeneem het. Die kettings was onsigbaar – totdat dit gebreek is.

Aksieplan – Verbreek Vrymesselary en Geheime Genootskap se Invloed

1. **Identifiseer** enige persoonlike of familiebetrokkenheid met Vrymesselary, Rosekruisers, Kabbalah, Skull and Beens, of soortgelyke geheime ordes.
2. **Verwerp elke vlak of graad van inisiasie**, van 1ste tot 33ste of hoër, insluitend alle rituele, tekens en ede. (Jy kan begeleide verlossingsverwerpings aanlyn vind.)
3. **Bid met gesag**:

"Ek verbreek elke sielsband, bloedverbond en eed wat aan geheime genootskappe gemaak is – deur my of namens my. Ek eis my siel terug vir Jesus Christus!"

1. **Vernietig simboliese items** : regalia, boeke, sertifikate, ringe of geraamde beelde.
2. **Verklaar** vryheid deur gebruik te maak van:
    - *Galasiërs 5:1*
    - *Psalm 2:1–6*
    - *Jesaja 28:15–18*

Groepaansoek

- Laat die groep hulle oë toemaak en die Heilige Gees vra om enige geheime verbintenisse of familiebande te openbaar.
- Korporatiewe afstanddoening: bid om elke bekende of onbekende band met elite-ordes te veroordeel.
- Gebruik nagmaal om die breuk te verseël en verbonde weer met Christus te verbind.
- Salf hoofde en hande — herstel helderheid van denke en heilige werke.

Sleutel Insig

Wat die wêreld "elite" noem, mag God 'n gruwel noem. Nie alle invloed is heilig nie – en nie alle lig is Lig nie. Daar is nie so iets soos onskadelike geheimhouding wanneer dit geestelike ede behels nie.

Refleksiejoernaal

- Was ek deel van, of nuuskierig oor, geheime ordes of mistieke verligtingsgroepe?
- Is daar bewyse van geestelike blindheid, stagnasie of koudheid in my geloof?
- Moet ek familiebetrokkenheid met moed en grasie aanpak?

Gebed van Vryheid

Here Jesus, ek kom voor U as die enigste ware Lig. Ek verloën elke band, elke eed, elke valse lig en elke verborge orde wat my opeis. Ek sny Vrymesselary, geheime genootskappe, antieke broederskappe en elke geestelike band wat aan duisternis gekoppel is, af. Ek verklaar dat ek onder die bloed van Jesus alleen is – verseël, verlos en vry. Laat u Gees alle oorblyfsels van hierdie verbonde wegbrand. In Jesus se Naam, amen.

DAG 28: KABBALAH, ENERGIENETWERKE & DIE LOK VAN MISTIESE "LIG"

"*Want Satan self doen hom voor as 'n engel van die lig.*" – 2 Korintiërs 11:14

"*Die lig in jou is duisternis – hoe diep is daardie duisternis!*" – Lukas 11:35

In 'n era wat obsessief is oor geestelike verligting, delf baie onwetend in antieke Kabbalistiese praktyke, energiegenesing en mistieke ligleerstellings wat gewortel is in okkulte leerstellings. Hierdie leringe vermom dikwels as "Christelike mistisisme", "Joodse wysheid" of "wetenskapgebaseerde spiritualiteit" - maar hulle ontstaan uit Babilon, nie Sion nie.

Kabbalah is nie net 'n Joodse filosofiese stelsel nie; dit is 'n geestelike matriks gebou op geheime kodes, goddelike emanasies (Sefirot) en esoteriese paaie. Dit is dieselfde verleidelike misleiding agter tarot, numerologie, zodiac-portale en New Age-roosters.

Baie bekendes, beïnvloeders en sakemagnate dra rooi toutjies, mediteer met kristalenergie, of volg die Zohar sonder om te weet dat hulle deelneem aan 'n onsigbare stelsel van geestelike gevangenisskap.

Globale Verwikkelinge

- **Noord-Amerika** – Kabbalah-sentrums vermom as welstandsruimtes; begeleide energie-meditasies.
- **Europa** – Druïdiese Kabbala en esoteriese Christendom wat in geheime ordes geleer word.
- **Afrika** – Voorspoedkultusse wat die Skrif met numerologie en energieportale meng.
- **Asië** – Chakra-genesing herbenoem as "ligaktivering" in lyn met universele kodes.

- **Latyns-Amerika** – Heiliges gemeng met Kabbalistiese aartsengele in mistieke Katolisisme.

Dit is die verleiding van valse lig – waar kennis 'n god word en verligting 'n tronk.

Ware Getuienis – Ontsnap uit die "Liglokval"

Marisol, 'n Suid-Amerikaanse sake-afrigter, het gedink sy het ware wysheid ontdek deur numerologie en "goddelike energievloei" van 'n Kabbalistiese mentor. Haar drome het lewendig geword, haar visioene skerp. Maar haar vrede? Weg. Haar verhoudings? In duie stort.

Sy het haarself in haar slaap deur skaduryke wesens gepynig gevind, ten spyte van haar daaglikse "liggebede". 'n Vriend het vir haar 'n video-getuienis gestuur van 'n voormalige mistikus wat Jesus teëgekom het. Daardie nag het Marisol na Jesus geroep. Sy het 'n verblindende wit lig gesien - nie misties nie, maar suiwer. Vrede het teruggekeer. Sy het haar materiaal vernietig en haar verlossingsreis begin. Vandag bestuur sy 'n Christus-gesentreerde mentorskapplatform vir vroue wat vasgevang is in geestelike misleiding.

Aksieplan – Verwerping van Valse Beligting

1. **Oudit** jou blootstelling: Het jy mistieke boeke gelees, energiegenesing beoefen, horoskope gevolg of rooi toutjies gedra?
2. **Bekeer** jou dat jy lig buite Christus gesoek het.
3. **Verbreek bande** met:
    - Kabbalah/Zohar leringe
    - Energiemedisyne of ligaktivering
    - Engel-aanroepings of naamdekodering
    - Heilige meetkunde, numerologie, of "kodes"
4. **Bid hardop** :

"Jesus, U is die Lig van die wêreld. Ek verwerp elke valse lig, elke okkulte lering en elke mistieke lokval. Ek keer terug na U as my enigste bron van waarheid!"

1. **Skrifgedeeltes om te verklaar** :
    - Johannes 8:12
    - Deuteronomium 18:10–12

- Jesaja 2:6
- 2 Korintiërs 11:13–15

Groepaansoek

- Vra: Het jy (of familie) al ooit deelgeneem aan of blootgestel aan New Age, numerologie, Kabbalah, of mistieke "lig"-leerstellings?
- Groepsverloëning van valse lig en hertoewyding aan Jesus as die enigste Lig.
- Gebruik sout-en-lig-beelde – gee elke deelnemer 'n knippie sout en 'n kers om te verklaar: "Ek is sout en lig in Christus alleen."

Sleutel Insig
Nie alle lig is heilig nie. Wat buite Christus verlig, sal uiteindelik verteer.

Refleksiejoernaal

- Het ek kennis, krag of genesing buite die Woord van God gesoek?
- Van watter geestelike gereedskap of leringe moet ek ontslae raak?
- Is daar iemand wat ek aan Nuwe Era of "lig"-praktyke bekendgestel het wat ek nou moet teruglei?

Gebed van Verlossing
Vader, ek stem nie saam met elke gees van valse lig, mistisisme en geheime kennis nie. Ek verloën Kabbalah, numerologie, heilige meetkunde en elke donker kode wat as lig voordoen. Ek verklaar dat Jesus die Lig van my lewe is. Ek loop weg van die pad van misleiding en stap in die waarheid. Reinig my met U vuur en vul my met die Heilige Gees. In Jesus se Naam. Amen.

DAG 29: DIE ILLUMINATI-SLUIER — ONTMASKERING VAN DIE ELITE OKKULTE NETWERKE

"*Die konings van die aarde staan opgestel, die heersers versamel teen die Here en teen sy Gesalfde.*" – Psalm 2:2

"*Daar is niks verborge wat nie geopenbaar sal word nie, en daar is niks weggesteek wat nie aan die lig sal kom nie.*" – Lukas 8:17

Daar is 'n wêreld binne ons wêreld. Versteek in die volle lig.

Van Hollywood tot hoë finansies, van politieke gange tot musiekryke, 'n netwerk van donker alliansies en geestelike kontrakte beheer stelsels wat kultuur, denke en mag vorm. Dis meer as samesweing – dis antieke rebellie herverpak vir die moderne verhoog.

Die Illuminati is in sy kern nie bloot 'n geheime samelewing nie – dis 'n Luciferiaanse agenda. 'n Spirituele piramide waar diegene aan die bopunt trou sweer deur bloed, rituele en sieluitruiling, dikwels toegedraai in simbole, mode en popkultuur om die massas te kondisioneer.

Dit gaan nie oor paranoia nie. Dit gaan oor bewustheid.

WARE STORIE – 'N REIS van Roem na Geloof

Marcus was 'n opkomende musiekvervaardiger in die VSA. Toe sy derde groot treffer die trefferlyste oorsteek, is hy aan 'n eksklusiewe klub voorgestel – magtige mans en vroue, spirituele "mentors", kontrakte deurdrenk met geheimhouding. Aanvanklik het dit soos elite-mentorskap gelyk. Toe kom die "aanroepings"-sessies – donker kamers, rooi ligte, gesange en spieëlrituele. Hy het buite-liggaamlike reise begin ervaar, stemme wat snags liedjies vir hom fluister.

Een nag, onder invloed en pyniging, het hy probeer om sy lewe te neem. Maar Jesus het ingegryp. 'n Biddende ouma se voorbidding het deurgebreek. Hy het gevlug, die stelsel verwerp en 'n lang verlossingsreis begin. Vandag ontbloot hy die bedryf se duisternis deur musiek wat van die lig getuig.

VERBORGE STELSELS VAN beheer

- **Bloedoffers en Seksrituele** – Inisiasie in mag vereis uitruiling: liggaam, bloed of onskuld.
- **Geesprogrammering (MK Ultra-patrone)** – Word in die media, musiek en politiek gebruik om gefragmenteerde identiteite en hanteerders te skep.
- **Simboliek** – Piramide-oë, fenikse, skaakbordvloere, uile en omgekeerde sterre – poorte van getrouheid.
- **Luciferiaanse Leerstelling** – "Doen wat jy wil," "Word jou eie god," " Ligdraer- verligting."

Aksieplan – Breek Vry van Elite Webs

1. **Bekeer jou** vir deelname aan enige stelsel wat gekoppel is aan okkulte bemagtiging, selfs onwetend (musiek, media, kontrakte).
2. **Verwerp roem** ten alle koste, verborge verbonde of fassinasie met elite-leefstyle.
3. **Bid oor** elke kontrak, handelsmerk of netwerk waarvan jy deel is. Vra die Heilige Gees om verborge bande bloot te lê.
4. **Verklaar hardop** :

"Ek verwerp elke stelsel, eed en simbool van duisternis. Ek behoort aan die Koninkryk van Lig. My siel is nie te koop nie!"

1. **Anker Skrifgedeeltes** :
    - Jesaja 28:15–18 – Verbond met die dood sal nie standhou nie
    - Psalm 2 – God lag vir bose samesweringsplanne

- 1 Korintiërs 2:6–8 – Die heersers van hierdie wêreld verstaan nie God se wysheid nie

GROEPAANSOEK

- Lei die groep in 'n **simboolreinigingssessie** — bring beelde of logo's waaroor deelnemers vrae het.
- Moedig mense aan om te deel waar hulle Illuminati-tekens in popkultuur gesien het, en hoe dit hul sienings gevorm het.
- Nooi deelnemers om **hul invloed** (musiek, mode, media) weer aan Christus se doel te wy.

Sleutel Insig
Die kragtigste misleiding is die een wat in glans wegkruip. Maar wanneer die masker verwyder word, breek die kettings.

Refleksiejoernaal

- Word ek aangetrokke tot simbole of bewegings wat ek nie ten volle verstaan nie?
- Het ek geloftes of ooreenkomste gemaak in die nastrewing van invloed of roem?
- Watter deel van my gawe of platform moet ek weer aan God oorgee?

Gebed van Vryheid
Vader, ek verwerp elke verborge struktuur, eed en invloed van die Illuminati en elite-okkulte. Ek verwerp roem sonder U, mag sonder doel en kennis sonder die Heilige Gees. Ek kanselleer elke bloed- of woordverbond wat ooit oor my gesluit is, wetend of onwetend. Jesus, ek troon U as Here oor my gedagtes, gawes en bestemming. Ontbloot en vernietig elke onsigbare ketting. In U Naam staan ek op en wandel ek in die lig. Amen.

DAG 30: DIE MISTERSKOLE — ANTIEKE GEHEIME, MODERNE GEBONDHEID

"*Hulle kele is soos oop grafte; hulle tonge pleeg bedrog. Die gif van addertjies is op hulle lippe.*" — Romeine 3:13

"*Moenie alles wat hierdie volk 'n sameswering noem, 'n sameswering noem nie; moenie vrees vir wat hulle vrees nie... Die Here die Almagtige moet julle as heilig beskou...*" — Jesaja 8:12–13

Lank voor die Illuminati was daar die antieke misterieskole – Egipte, Babilon, Griekeland, Persië – wat nie net ontwerp is om "kennis" oor te dra nie, maar ook om bonatuurlike krag deur donker rituele te ontwaak. Vandag word hierdie skole herleef in elite-universiteite, spirituele retraites, "bewustheids"-kampe, selfs deur aanlyn opleidingskursusse wat vermom word as persoonlike ontwikkeling of hoë-orde bewussynsontwaking.

Van Kabbala-kringe tot Teosofie, Hermetiese Ordes en Rosekruisers – die doel is dieselfde: "om soos gode te word," om latente krag te ontwaak sonder die oorgawe aan God. Verborge gesange, heilige geometrie, astrale projeksie, die ontsluiting van die pineale klier en seremoniële rituele bring baie in geestelike slawerny onder die dekmantel van "lig".

Maar elke "lig" wat nie in Jesus gewortel is nie, is 'n valse lig. En elke verborge eed moet verbreek word.

Ware Storie – Van Bekwaam tot Verlate

Sandra*, 'n Suid-Afrikaanse welstandsafrigter, is deur 'n mentorskapprogram in 'n Egiptiese misterie-orde ingewy. Die opleiding het chakra-belynings, sonmeditasies, maanrituele en antieke wysheidsrolle ingesluit. Sy het "aflaaie" en "opstygings" begin ervaar, maar dit het gou in paniekaanvalle, slaapverlamming en selfmoordepisodes verander.

Toe 'n bevrydingspredikant die bron blootgelê het, het Sandra besef dat haar siel vasgebind was deur geloftes en geestelike kontrakte. Om die orde te verloën, het beteken dat sy inkomste en konneksies verloor het – maar sy het haar vryheid verkry. Vandag bestuur sy 'n genesingsentrum wat op Christus gesentreer is en waarsku sy ander teen Nuwe Era-misleiding.

Algemene drade van misterieskole vandag

- **Kabbalah-kringe** – Joodse mistisisme gemeng met numerologie, engelaanbidding en astrale vlakke.
- **Hermetisme** – "Soos bo, so onder"-leerstelling; wat die siel bemagtig om die werklikheid te manipuleer.
- **Rosekruisers** – Geheime ordes gekoppel aan alchemiese transformasie en geesopkoms.
- **Vrymesselary en Esoteriese Broederskappe** – Gelaagde progressie na verborge lig; elke graad gebonde deur ede en rituele.
- **Geestelike retraites** – Psigedeliese "verligtings"-seremonies met sjamane of "gidse".

Aksieplan – Die Breek van Antieke Jukke

1. **Verloën** alle verbonde wat deur inisiasies, kursusse of geestelike kontrakte buite Christus gemaak is.
2. **Kanselleer** die krag van elke "lig"- of "energie"-bron wat nie in die Heilige Gees gewortel is nie.
3. **Reinig** jou huis van simbole: ankhs, oog van Horus, heilige geometrie, altare, wierook, standbeelde of rituele boeke.
4. **Verklaar hardop** :

"Ek verwerp elke antieke en moderne pad na valse lig. Ek onderwerp my aan Jesus Christus, die ware Lig. Elke geheime eed word deur Sy bloed verbreek."

ANKER SKRIFTE

- Kolossense 2:8 – Geen hol en misleidende filosofie nie
- Johannes 1:4–5 – Die ware Lig skyn in die duisternis
- 1 Korintiërs 1:19–20 – God vernietig die wysheid van die wyses

GROEPAANSOEK

- Hou 'n simboliese "verbranding van boekrolle"-aand (Handelinge 19:19) — waar groeplede enige okkulte boeke, juweliersware en items bring en vernietig.
- Bid vir mense wat vreemde kennis "afgelaai" het of derde-oog chakras deur meditasie oopgemaak het.
- Lei deelnemers deur 'n **"lig-oordrag"** -gebed – vra die Heilige Gees om elke area wat voorheen aan okkulte lig oorgegee is, oor te neem.

SLEUTEL INSIG

God verberg nie die waarheid in raaisels en rituele nie – Hy openbaar dit deur Sy Seun. Pasop vir "lig" wat jou in die duisternis intrek.

REFLEKSIEJOERNAAL

- Het ek by enige aanlyn- of fisiese skool aangesluit wat antieke wysheid, aktivering of misteriekragte belowe?
- Is daar boeke, simbole of rituele wat ek eens gedink het onskadelik was, maar nou oortuig voel?
- Waar het ek meer geestelike ervaring gesoek as 'n verhouding met God?

Gebed van Verlossing

Here Jesus, U is die Weg, die Waarheid en die Lig. Ek bely elke pad wat ek geneem het wat U Woord omseil het. Ek verloën alle mistierieskole, geheime ordes, ede en inisiasies. Ek verbreek sielsbande met alle gidse, onderwysers, geeste en stelsels wat gewortel is in antieke misleiding. Skyn U lig in elke verborge plek van my hart en vul my met die waarheid van U Gees. In Jesus se Naam wandel ek vry. Amen.

DAG 31: KABBALAH, HEILIGE MEETKUNDE & ELITE LIGBEDREIDING

"*Want Satan self verander hom in 'n engel van die lig.*" – 2 Korintiërs 11:14

"*Die verborge dinge is vir die Here onse God, maar die geopenbaarde dinge is vir ons...*" – Deuteronomium 29:29

In ons soeke na geestelike kennis lê daar 'n gevaar - die lokmiddel van "verborge wysheid" wat mag, lig en goddelikheid belowe, afgesien van Christus. Van bekende kringe tot geheime losies, van kuns tot argitektuur, weef 'n patroon van misleiding sy pad oor die wêreld en trek soekers na die esoteriese web van **Kabbalah**, **heilige meetkunde** en **misterie-leerstellings**.

Dit is nie onskadelike intellektuele verkennings nie. Dit is toegangspaaie tot geestelike verbonde met gevalle engele wat hulle as lig voordoen.

GLOBALE MANIFESTASIES

- **Hollywood en musiekbedryf** – Baie bekendes dra openlik Kabbalah-armbande of tatoeëer heilige simbole (soos die Boom van die Lewe) wat terugvoer na okkultiese Joodse mistisisme.
- **Mode en Argitektuur** – Vrymesselaarsontwerpe en heilige geometriese patrone (die Blom van die Lewe, heksagramme, die Oog van Horus) is ingebed in klere, geboue en digitale kuns.
- **Midde-Ooste en Europa** – Kabbalah-studiesentrums floreer onder elites, en meng dikwels mistisisme met numerologie, astrologie en engelagtige aanroepings.

- **Aanlyn- en Nuwe Era-kringe wêreldwyd** – YouTube, TikTok en podsendings normaliseer "ligkodes ", "energieportale", "3–6–9 vibrasies" en "goddelike matriks"-leerstellings gebaseer op heilige meetkunde en Kabbalistiese raamwerke.

Ware Storie — Wanneer Lig 'n Leuen Word

Jana, 'n 27-jarige van Swede, het Kabbalah begin verken nadat sy haar gunsteling sangeres gevolg het wat dit vir haar "kreatiewe ontwaking" erken het. Sy het die rooi toutjie-armband gekoop, begin mediteer met geometriese mandalas en engelname uit antieke Hebreeuse tekste bestudeer.

Dinge het begin verander. Haar drome het vreemd geword. Sy het wesens langs haar in haar slaap gevoel, wat wysheid fluister – en dan bloed eis. Skaduwees het haar gevolg, maar sy het na meer lig gesmag.

Uiteindelik het sy op 'n aanlyn bevrydingsvideo afgekom en besef dat haar pyniging nie geestelike hemelvaart was nie, maar geestelike misleiding. Na ses maande van bevrydingsessies, vas en die verbranding van elke Kabbalistiese voorwerp in haar huis, het vrede begin terugkeer. Sy waarsku nou ander deur haar blog: "Die valse lig het my amper vernietig."

DIE PAD ONDERSKEI

Kabbala, hoewel soms geklee in godsdienstige gewade, verwerp Jesus Christus as die enigste weg na God. Dit verhef dikwels die **"goddelike self"**, bevorder **kanalisering** en **boom-van-die-lewe-opgang**, en gebruik **wiskundige mistisisme** om mag op te roep. Hierdie praktyke maak **geestelike poorte oop** - nie na die hemel nie, maar na entiteite wat voorgee dat hulle ligdraers is.

Baie Kabbalistiese leerstellings kruis met:

- Vrymesselary
- Rosekruisersdom
- Gnostisisme
- Luciferiaanse verligtingskultusse

Die gemene deler? Die nastrewing van godheid sonder Christus.

Aksieplan – Die Blootstelling en Uitsetting van Valse Lig

1. **Bekeer jou** van elke betrokkenheid by Kabbalah, numerologie, heilige meetkunde of "misterieskool"-leerstellings.
2. **Vernietig voorwerpe** in jou huis wat met hierdie praktyke verband hou – mandalas, altare, Kabbalah-tekste, kristalroosters, heilige simbooljuwelierware.
3. **Verwerp geeste van valse lig** (bv. Metatron, Raziel, Shekinah in mistieke vorm) en beveel elke nagemaakte engel om te vertrek.
4. **Dompel jouself** in die eenvoud en genoegsaamheid van Christus (2 Korintiërs 11:3).
5. **Vas en salf** jouself — oë, voorkop, hande — verwerp alle valse wysheid en verklaar jou trou aan God alleen.

Groepaansoek

- Deel enige ontmoetings met "ligte leringe", numerologie, Kabbalah-media of heilige simbole.
- As 'n groep, lys frases of oortuigings wat "geestelik" klink, maar Christus teenstaan (bv. "Ek is goddelik", "die heelal voorsien", "Christusbewussyn").
- Salf elke persoon met olie terwyl jy Johannes 8:12 verklaar — *"Jesus is die Lig van die wêreld."*
- Verbrand of gooi enige materiaal of voorwerpe weg wat verwys na heilige geometrie, mistiek of "goddelike kodes".

SLEUTEL INSIG

Satan kom nie eerste as die vernietiger nie. Hy kom dikwels as die verligter – en bied geheime kennis en valse lig. Maar daardie lig lei slegs tot dieper duisternis.

Refleksiejoernaal

- Het ek my gees oopgemaak vir enige "geestelike lig" wat Christus verbygegaan het?
- Is daar simbole, frases of voorwerpe wat ek gedink het onskadelik was, maar nou as portale herken?
- Het ek persoonlike wysheid bo Bybelse waarheid verhef?

Gebed van Verlossing

Vader, ek verloën elke valse lig, mistieke lering en geheime kennis wat my siel verstrengel het. Ek bely dat slegs Jesus Christus die ware Lig van die wêreld is. Ek verwerp Kabbalah, heilige meetkunde, numerologie en alle leerstellings van demone. Laat elke valse gees nou uit my lewe ontwortel word. Reinig my oë, my gedagtes, my verbeelding en my gees. Ek is U alleen – gees, siel en liggaam. In Jesus se Naam. Amen.

DAG 3 2: DIE SLANGGEES BINNEIN — WANNEER VERLOSSING TE LAAT KOM

"*Hulle oë is vol egbreuk... hulle verlei onbestendige siele... hulle het die weg van Bileam gevolg... vir wie die donkerte van die duisternis vir ewig bewaar word.*" — 2 Petrus 2:14–17

"*Moenie julleself mislei nie: God laat hom nie bespot nie. Wat 'n mens saai, sal hy maai.*" — Galasiërs 6:7

Daar is 'n demoniese namaaksel wat as verligting paradeer. Dit genees, gee energie, bemagtig – maar net vir 'n tydperk. Dit fluister goddelike geheimenisse, maak jou "derde oog" oop, ontketen krag in die ruggraat – en **verslaaf jou dan in pyniging**.

Dit is **Kundalini**.

Die **slanggees**.

Die valse "heilige gees" van die Nuwe Era.

Sodra dit geaktiveer word – deur joga, meditasie, psigedeliese middels, trauma of okkultiese rituele – kronkel hierdie krag by die basis van die ruggraat en styg dit soos vuur deur die chakras. Baie glo dit is geestelike ontwaking. In werklikheid is dit **demoniese besetenheid** vermom as goddelike energie.

Maar wat gebeur as dit **nie wil weggaan nie**?

Ware storie – "Ek kan dit nie afskakel nie"

Marissa, 'n jong Christenvrou in Kanada, het met "Christelike joga" begin delf voordat sy haar lewe aan Christus gegee het. Sy was lief vir die vreedsame gevoelens, die vibrasies, die ligvisioene. Maar na een intense sessie waar sy gevoel het hoe haar ruggraat "ontbrand", het sy bewusteloos geraak – en wakker geword sonder om asem te haal. Daardie nag het iets **haar slaap begin kwel**, haar liggaam gedraai, as "Jesus" in haar drome verskyn – maar haar bespot.

Sy het vyf keer **verlossing ontvang. Die geeste sou vertrek – maar terugkeer. Haar ruggraat het steeds gevibreer. Haar oë het voortdurend in die geesteryk gesien. Haar liggaam sou onwillekeurig beweeg. Ten spyte van verlossing, het sy nou deur 'n hel geloop wat min Christene verstaan. Haar gees is gered – maar haar siel is geskend, oopgebreek en gefragmenteer.

Die nadraai waaroor niemand praat nie

- **Derde oë bly oop** : Konstante visioene, hallusinasies, geestelike geraas, "engele" wat leuens vertel.
- **Liggaam hou nie op vibreer nie** : Onbeheerbare energie, druk in die skedel, hartkloppings.
- **Onverbiddelike pyniging** : Selfs na 10+ bevrydingsessies.
- **Isolasie** : Pastore verstaan nie. Kerke ignoreer die probleem. Die persoon word as "onstabiel" geëtiketteer.
- **Vrees vir die hel** : Nie as gevolg van sonde nie, maar as gevolg van die pyniging wat weier om te eindig.

Kan Christene 'n punt van geen terugkeer bereik nie?

Ja — in hierdie lewe. Jy kan **gered word**, maar so gefragmenteerd dat **jou siel in pyniging is tot die dood toe**.

Dit is nie vreesaanjaend nie. Dit is 'n **profetiese waarskuwing**.

Globale voorbeelde

- **Afrika** – Valse profete vrystel Kundalini-vuur tydens dienste – mense kry stuiptrekkings, skuim, lag of brul.
- **Asië** – Joga-meesters styg op na "siddhi" (demoniese besetenheid) en noem dit godbewussyn.
- **Europa/Noord-Amerika** – Neo-charismatiese bewegings wat "glorieryke" kanaliseer, blaf, lag, onbeheerbaar val – nie van God nie.
- **Latyns-Amerika** – Sjamanistiese ontwakings wat ayahuasca (plantdwelms) gebruik om geestelike deure oop te maak wat hulle nie kan toemaak nie.

AKSIEPLAN — AS JY TE ver gegaan het

1. **Bely die presiese portaal** : Kundalini joga, derde-oog meditasies, nuwe era kerke, psigedeliese middels, ens.
2. **Stop alle jaagtog na verlossing** : Sommige geeste pynig langer wanneer jy hulle met vrees aanhou bemagtig.
3. **Anker jouself DAAGLIKS in die Skrif** — veral Psalm 119, Jesaja 61 en Johannes 1. Hierdie vernuwe die siel.
4. **Onderwerp jouself aan die gemeenskap** : Vind ten minste een Heilige Gees-vervulde gelowige om mee te wandel. Isolasie bemagtig demone.
5. **Verwerp alle geestelike "sig", vuur, kennis, energie** - selfs al voel dit heilig.
6. **Vra God om genade** — Nie een keer nie. Daagliks. Uurliks. Volhard. God mag dit nie onmiddellik verwyder nie, maar Hy sal jou dra.

GROEPAANSOEK

- Hou 'n tyd van stiltebesinning. Vra: Het ek geestelike krag bo geestelike suiwerheid nagestreef?
- Bid vir diegene wat onophoudelike pyniging het. MOENIE onmiddellike vryheid belowe nie – belowe **dissipelskap**.
- Leer die verskil tussen die **vrug van die Gees** (Galasiërs 5:22–23) en **sielsmanifestasies** (skudding, hitte, visioene).
- Verbrand of vernietig elke nuwe era-voorwerp: chakra-simbole, kristalle, joga-matte, boeke, olies, "Jesus-kaarte".

Sleutel Insig

Daar is 'n **lyn** wat oorgesteek kan word – wanneer die siel 'n oop poort word en weier om toe te maak. Jou gees mag gered word ... maar jou siel en liggaam mag steeds in pyn leef as jy deur okkulte lig besoedel is.

Refleksiejoernaal

- Het ek ooit mag, vuur of profetiese sig meer nagestreef as heiligheid en waarheid?
- Het ek deure oopgemaak deur "gechristelike" nuwe era praktyke?
- Is ek bereid om **daagliks** met God te wandel, selfs al neem volle verlossing jare?

Gebed van Oorlewing

Vader, ek roep uit om genade. Ek verloën elke slanggees, Kundalini-krag, derde oogopening, valse vuur of nuwe era-namaaksel wat ek ooit aangeraak het. Ek gee my siel – gebroke soos dit is – terug aan U. Jesus, red my nie net van sonde nie, maar van pyniging. Verseël my poorte. Genees my verstand. Maak my oë toe. Verpletter die slang in my ruggraat. Ek wag vir U, selfs in die pyn. En ek sal nie moed opgee nie. In Jesus se Naam. Amen.

DAG 33: DIE SLANGGEES BINNEIN — WANNEER VERLOSSING TE LAAT KOM

"*Hulle oë is vol egbreuk... hulle verlei onbestendige siele... hulle het die weg van Bileam gevolg... vir wie die donkerte van die duisternis vir ewig bewaar word.*" — 2 Petrus 2:14–17

"*Moenie julleself mislei nie: God laat hom nie bespot nie. Wat 'n mens saai, sal hy maai.*" — Galasiërs 6:7

Daar is 'n demoniese namaaksel wat as verligting paradeer. Dit genees, gee energie, bemagtig – maar net vir 'n tydperk. Dit fluister goddelike geheimenisse, maak jou "derde oog" oop, ontketen krag in die ruggraat – en **verslaaf jou dan in pyniging**.

Dit is **Kundalini**.

Die **slanggees**.

Die valse "heilige gees" van die Nuwe Era.

Sodra dit geaktiveer word – deur joga, meditasie, psigedeliese middels, trauma of okkultiese rituele – kronkel hierdie krag by die basis van die ruggraat en styg dit soos vuur deur die chakras. Baie glo dit is geestelike ontwaking. In werklikheid is dit **demoniese besetenheid** vermom as goddelike energie.

Maar wat gebeur as dit **nie wil weggaan nie**?

Ware storie – "Ek kan dit nie afskakel nie"

Marissa, 'n jong Christenvrou in Kanada, het met "Christelike joga" begin delf voordat sy haar lewe aan Christus gegee het. Sy was lief vir die vreedsame gevoelens, die vibrasies, die ligvisioene. Maar na een intense sessie waar sy gevoel het hoe haar ruggraat "ontbrand", het sy bewusteloos geraak – en wakker geword sonder om asem te haal. Daardie nag het iets **haar slaap begin kwel**, haar liggaam gedraai, as "Jesus" in haar drome verskyn – maar haar bespot.

Sy het vyf keer **verlossing ontvang**. Die geeste sou vertrek – maar **terugkeer**. Haar ruggraat het steeds gevibreer. Haar oë het voortdurend in die geesteryk gesien. Haar liggaam sou onwillekeurig beweeg. Ten spyte van verlossing, het sy nou deur 'n hel geloop wat min Christene verstaan. Haar gees is gered – maar haar siel is geskend, oopgebreek en gefragmenteer.

Die nadraai waaroor niemand praat nie

- **Derde oë bly oop** : Konstante visioene, hallusinasies, geestelike geraas, "engele" wat leuens vertel.
- **Liggaam hou nie op vibreer nie** : Onbeheerbare energie, druk in die skedel, hartkloppings.
- **Onverbiddelike pyniging** : Selfs na 10+ bevrydingsessies.
- **Isolasie** : Pastore verstaan nie. Kerke ignoreer die probleem. Die persoon word as "onstabiel" geëtiketteer.
- **Vrees vir die hel** : Nie as gevolg van sonde nie, maar as gevolg van die pyniging wat weier om te eindig.

Kan Christene 'n punt van geen terugkeer bereik nie?

Ja — in hierdie lewe. Jy kan **gered word**, maar so gefragmenteerd dat **jou siel in pyniging is tot die dood toe**.

Dit is nie vreesaanjaend nie. Dit is 'n **profetiese waarskuwing**.

Globale voorbeelde

- **Afrika** – Valse profete vrystel Kundalini-vuur tydens dienste – mense kry stuiptrekkings, skuim, lag of brul.
- **Asië** – Joga-meesters styg op na "siddhi" (demoniese besetenheid) en noem dit godbewussyn.
- **Europa/Noord-Amerika** – Neo-charismatiese bewegings wat "glorieryke" kanaliseer, blaf, lag, onbeheerbaar val – nie van God nie.
- **Latyns-Amerika** – Sjamanistiese ontwakings wat ayahuasca (plantdwelms) gebruik om geestelike deure oop te maak wat hulle nie kan toemaak nie.

Aksieplan — As jy te ver gegaan het

1. **Bely die presiese portaal** : Kundalini joga, derde-oog meditasies,

nuwe era kerke, psigedeliese middels, ens.
2. **Stop alle jaagtog na verlossing** : Sommige geeste pynig langer wanneer jy hulle met vrees aanhou bemagtig.
3. **Anker jouself DAAGLIKS in die Skrif** — veral Psalm 119, Jesaja 61 en Johannes 1. Hierdie vernuwe die siel.
4. **Onderwerp jouself aan die gemeenskap** : Vind ten minste een Heilige Gees-vervulde gelowige om mee te wandel. Isolasie bemagtig demone.
5. **Verwerp alle geestelike "sig", vuur, kennis, energie** - selfs al voel dit heilig.
6. **Vra God om genade** — Nie een keer nie. Daagliks. Uurliks. Volhard. God mag dit nie onmiddellik verwyder nie, maar Hy sal jou dra.

Groepaansoek

- Hou 'n tyd van stiltebesinning. Vra: Het ek geestelike krag bo geestelike suiwerheid nagestreef?
- Bid vir diegene wat onophoudelike pyniging het. MOENIE onmiddellike vryheid belowe nie – belowe **dissipelskap** .
- Leer die verskil tussen die **vrug van die Gees** (Galasiërs 5:22–23) en **sielsmanifestasies** (skudding, hitte, visioene).
- Verbrand of vernietig elke nuwe era-voorwerp: chakra-simbole, kristalle, joga-matte, boeke, olies, "Jesus-kaarte".

Sleutel Insig

Daar is 'n **lyn** wat oorgesteek kan word – wanneer die siel 'n oop poort word en weier om toe te maak. Jou gees mag gered word ... maar jou siel en liggaam mag steeds in pyn leef as jy deur okkulte lig besoedel is.

Refleksiejoernaal

- Het ek ooit mag, vuur of profetiese sig meer nagestreef as heiligheid en waarheid?
- Het ek deure oopgemaak deur "gechristelike" nuwe era praktyke?
- Is ek bereid om **daagliks** met God te wandel, selfs al neem volle verlossing jare?

Gebed van Oorlewing

Vader, ek roep uit om genade. Ek verloën elke slanggees, Kundalini-krag, derde oogopening, valse vuur of nuwe era-namaaksel wat ek ooit aangeraak het. Ek gee my siel – gebroke soos dit is – terug aan U. Jesus, red my nie net van sonde nie, maar van pyniging. Verseël my poorte. Genees my verstand. Maak my oë toe. Verpletter die slang in my ruggraat. Ek wag vir U, selfs in die pyn. En ek sal nie moed opgee nie. In Jesus se Naam. Amen.

DAG 34: METSELAARS, KODES & VLOEKE — Wanneer Broederskap Slawerny Word

"**M**oenie gemeenskap hê met die onvrugbare werke van die duisternis nie, maar bestraf dit liewer." – Efesiërs 5:11
"Jy mag geen verbond met hulle of met hulle gode sluit nie." – Eksodus 23:32

Geheime verenigings belowe sukses, konneksie en antieke wysheid. Hulle bied **ede, grade en geheime** wat "vir goeie manne" oorgedra word. Maar wat die meeste nie besef nie, is: hierdie verenigings is **verbondsaltare**, dikwels gebou op bloed, misleiding en demoniese trou.

Van Vrymesselary tot die Kabbala, Rosekruisers tot Skull & Bones – hierdie organisasies is nie net klubs nie. Hulle is **geestelike kontrakte**, gesmee in duisternis en verseël met rituele wat **geslagte vervloek**.

Sommige het gewillig aangesluit. Ander het voorouers gehad wat dit gedoen het.

Hoe dit ook al sy, die vloek bly voortbestaan – totdat dit verbreek word.

'n Verborge Nalatenskap — Jason se Storie

Jason, 'n suksesvolle bankier in die VSA, het alles in sy guns gehad – 'n pragtige familie, rykdom en invloed. Maar snags sou hy wakker word en verstik, figure met kappies sien en beswerings in sy drome hoor. Sy oupa was 'n 33ste-graad Vrymesselaar, en Jason het steeds die ring gedra.

Hy het eenkeer skertsend die Vrymesselaarsgeloftes by 'n klubgeleentheid afgelê – maar die oomblik toe hy dit gedoen het, **het iets hom binnegedring**. Sy gedagtes het begin ineenstort. Hy het stemme gehoor. Sy vrou het hom verlaat. Hy het probeer om dit alles te beëindig.

Tydens 'n retraite het iemand die Vrymesselaars-skakel raakgesien. Jason het gehuil terwyl hy **elke eed versaak het**, die ring gebreek het en vir drie uur bevryding ondergaan het. Daardie nag, vir die eerste keer in jare, het hy in vrede geslaap.

Sy getuienis?

"Jy maak nie grappe met geheime altare nie. Hulle praat – totdat jy hulle in Jesus se naam laat stilmaak."

GLOBALE WEB VAN DIE Broederskap

- **Europa** – Vrymesselary diep ingebed in besigheid, politiek en kerkdenominasies.
- **Afrika** – Illuminati en geheime ordes wat rykdom aanbied in ruil vir siele; kultusse in universiteite.
- **Latyns-Amerika** – Jesuïete-infiltrasie en Vrymesselaarsrituele gemeng met Katolieke mistisisme.
- **Asië** – Antieke misterieskole, tempelpriesterskappe gekoppel aan generasie-ede.
- **Noord-Amerika** – Eastern Star, Scottish Rite, broederskappe soos Skull & Bones, Bohemian Grove-elites.

Hierdie kultusse roep dikwels "God" aan, maar nie die **God van die Bybel nie** – hulle verwys na die **Groot Argitek**, 'n onpersoonlike mag wat gekoppel is aan **Luciferiaanse lig**.

Tekens dat jy geraak word

- Chroniese siekte wat dokters nie kan verklaar nie.
- Vrees vir vooruitgang of vrees om van familiestelsels af te breek.
- Drome van gewade, rituele, geheime deure, losies of vreemde seremonies.
- Depressie of waansin in die manlike lyn.
- Vroue wat sukkel met onvrugbaarheid, mishandeling of vrees.

Bevrydingsaksieplan

1. **Verwerp alle bekende ede** – veral as jy of jou familie deel was van

Vrymesselary, Rosekruisers, Eastern Star, Kabala of enige "broederskap".
2. **Breek elke graad** – van Ingegaan Vakleerling tot 33ste Graad, by naam.
3. **Vernietig alle simbole** – ringe, voorskoot, boeke, hangertjies, sertifikate, ens.
4. **Maak die hek toe** – geestelik en wettiglik deur gebed en verklaring.

Gebruik hierdie Skrifgedeeltes:

- Jesaja 28:18 — "Julle verbond met die dood sal nietig verklaar word."
- Galasiërs 3:13 — "Christus het ons losgekoop van die vloek van die wet."
- Esegiël 13:20–23 — "Ek sal julle sluiers skeur en my volk bevry."

Groepaansoek

- Vra of enige lid ouers of grootouers in geheime samelewings gehad het.
- Lei 'n **begeleide verloëning** deur alle grade van Vrymesselary (jy kan 'n gedrukte skrif hiervoor skep).
- Gebruik simboliese dade — verbrand 'n ou ring of teken 'n kruis oor die voorkop om die "derde oog" wat in rituele oopgemaak is, nietig te verklaar.
- Bid oor gedagtes, nekke en rûe — dit is algemene plekke van slawerny.

Sleutel Insig
Broederskap sonder die bloed van Christus is 'n broederskap van slawerny.
Jy moet kies: verbond met die mens of verbond met God.
Refleksiejoernaal

- Was iemand in my familie betrokke by Vrymesselary, mistisisme of geheime ede?

- Het ek onwetend geloftes, geloofsbelydenisse of simbole wat aan geheime verenigings gekoppel is, opgesê of nageboots?
- Is ek bereid om familietradisie te breek om ten volle in God se verbond te wandel?

Gebed van Verloëning

Vader, in die Naam van Jesus, verloën ek elke verbond, eed of ritueel wat gekoppel is aan Vrymesselary, Kabbalah of enige geheime genootskap – in my lewe of bloedlyn. Ek verbreek elke graad, elke leuen, elke demoniese reg wat deur seremonies of simbole toegestaan is. Ek verklaar dat Jesus Christus my enigste Lig, my enigste Argitek en my enigste Here is. Ek ontvang nou vryheid, in Jesus se Naam. Amen.

DAG 35: HEKSE IN DIE BANKE — WANNEER DIE BOSE DEUR DIE KERKDEURE INKOM

"*Want sulke mense is valse apostels, bedrieglike werkers wat hulleself voordoen as apostels van Christus. En geen wonder nie, want selfs Satan vermom homself as 'n engel van die lig.*" — 2 Korintiërs 11:13–14

"*Ek ken jou dade en jou liefde en jou geloof... Maar Ek het dit teen jou dat jy die vrou Isebel verdra, wat haarself 'n profetes noem...*" — Openbaring 2:19–20

Die gevaarlikste heks is nie die een wat snags vlieg nie.

Dis die een **wat langs jou in die kerk sit**.

Hulle dra nie swart klere of ry op besems nie.

Hulle lei gebedsbyeenkomste. Sing in aanbiddingspanne. Profeteer in tale. Lei kerke. En tog... is hulle **draers van duisternis**.

Sommige weet presies wat hulle doen – gestuur as geestelike sluipmoordenaars.

Ander is slagoffers van voorvaderlike heksery of rebellie, wat opereer met gawes wat **onrein is**.

Die Kerk as Dekmantel — "Miriam se" Storie

Miriam was 'n gewilde bevrydingspredikant in 'n groot Wes-Afrikaanse kerk. Haar stem het demone beveel om te vlug. Mense het oor nasies gereis om deur haar gesalf te word.

Maar Miriam het 'n geheim gehad: snags het sy uit haar liggaam gereis. Sy sou kerklidmate se huise, hul swakhede en hul bloedlyne sien. Sy het gedink dit was die "profetiese".

Haar krag het gegroei. Maar so ook haar pyn.

Sy het stemme begin hoor. Kon nie slaap nie. Haar kinders is aangeval. Haar man het haar verlaat.

Sy het uiteindelik bely: sy is as kind "geaktiveer" deur haar ouma, 'n magtige heks wat haar onder vervloekte komberse laat slaap het.

"Ek het gedink ek was vervul met die Heilige Gees. Dit was 'n gees... maar nie Heilig nie."

Sy het deur verlossing gegaan. Maar die oorlogvoering het nooit opgehou nie. Sy sê:

"As ek nie bely het nie, sou ek op 'n altaar in vuur gesterf het ... in die kerk."

Globale Situasies van Verborge Heksery in die Kerk

- **Afrika** – Geestelike afguns. Profete wat waarsêery, rituele, watergeeste gebruik. Baie altare is eintlik portale.
- **Europa** – Psigiese mediums wat voorgee dat hulle "geestelike afrigters" is. Heksery toegedraai in Nuwe Era Christendom.
- **Asië** – Tempelpriesteresse wat kerke binnegaan om vloeke te plant en astrale-monitor bekeerlinge te word.
- **Latyns-Amerika** – Santería - praktiserende "pastore" wat bevryding verkondig, maar snags hoenders offer.
- **Noord-Amerika** – Christelike hekse wat beweer dat hulle "Jesus en tarot" is, energiegenesers op kerkverhoë, en pastore betrokke by Vrymesselary-rituele.

Tekens van Heksery wat in die Kerk Werk

- Swaar atmosfeer of verwarring tydens eredienste.
- Drome van slange, seks of diere na dienste.
- Leierskap wat in skielike sonde of skandaal verval.
- "Profesieë" wat manipuleer, verlei of skaam maak.
- Enigiemand wat sê: "God het vir my gesê jy is my man/vrou."
- Vreemde voorwerpe gevind naby die preekstoel of altare.

BEVRYDINGSAKSIEPLAN

1. **Bid vir onderskeidingsvermoë** — Vra die Heilige Gees om te

openbaar of daar verborge hekse in jou gemeenskap is.
2. **Toets elke gees** — Selfs al klink hulle geestelik (1 Johannes 4:1).
3. **Verbreek sielsbande** — As daar oor jou gebid is, vir jou geprofeteer is, of jy deur iemand onrein aangeraak is, **verloën dit**.
4. **Bid oor jou kerk** — Verklaar die vuur van God om elke verborge altaar, geheime sonde en geestelike bloedsuier te ontbloot.
5. **As jy 'n slagoffer is** — Kry hulp. Moenie stilbly of alleen bly nie.

Groepaansoek

- Vra groeplede: Het jy al ooit ongemaklik of geestelik geskend gevoel in 'n kerkdiens?
- Lei 'n **korporatiewe reinigingsgebed** vir die gemeenskap.
- Salf elke persoon en verklaar 'n **geestelike firewall** rondom gedagtes, altare en gawes.
- Leer leiers hoe om **gawes te sif** en **geeste te toets** voordat hulle mense in sigbare rolle toelaat.

Sleutel Insig
Nie almal wat sê "Here, Here" kom van die Here nie.
Die kerk is die **primêre slagveld** vir geestelike besoedeling – maar ook die plek van genesing wanneer die waarheid gehandhaaf word.

Refleksiejoernaal

- Het ek gebede, mededelings of mentorskap ontvang van iemand wie se lewe onheilige vrugte gedra het?
- Is daar tye wat ek ná kerk "af" gevoel het, maar dit geïgnoreer het?
- Is ek bereid om heksery te konfronteer selfs al dra ek 'n pak of sing ek op die verhoog?

Gebed van Blootstelling en Vryheid
Here Jesus, ek dank U dat U die ware Lig is. Ek vra U nou om elke verborge agent van duisternis wat in of rondom my lewe en gemeenskap werk, te ontbloot. Ek verloën elke onheilige mededeling, valse profesie of sielsband wat ek van geestelike bedrieërs ontvang het. Reinig my met U

bloed. Suiwer my gawes. Bewaak my poorte. Verbrand elke valse gees met U heilige vuur. In Jesus se Naam. Amen.

DAG 36: GEKODEERDE SPELTOWERYE — WANNEER LIEDJIES, MODE EN FLIEKS PORTALE WORD

"*Moenie meedoen aan die onvrugbare werke van die duisternis nie, maar bestraf hulle liewer.*" — Efesiërs 5:11

"*Moenie deelneem aan goddelose mites en ou vrouepraatjies nie; oefen jouself liewer om godvrugtig te wees.*" — 1 Timoteus 4:7

Nie elke geveg begin met 'n bloedoffer nie.

Sommige begin met 'n **ritme**.

'n Melodie. 'n Pakkende liriek wat in jou siel vassteek. Of 'n **simbool** op jou klere wat jy gedink het "cool" was.

Of 'n "onskadelike" program wat jy geniet terwyl demone in die skaduwees glimlag.

In vandag se hiper-gekonnekteerde wêreld is heksery **gekodeer** – wegkruip in **die oopte** deur media, musiek, films en mode.

'n Verdonkerde Klank — Ware Storie: "Die Koptelefoon"

Elijah, 'n 17-jarige in die VSA, het paniekaanvalle, slapelose nagte en demoniese drome begin kry. Sy Christen-ouers het gedink dit was stres.

Maar tydens 'n bevrydingsessie het die Heilige Gees die span opdrag gegee om oor sy **musiek te vra**.

Hy het bely: "Ek luister na trap metal. Ek weet dis donker... maar dit help my om kragtig te voel."

Toe die span een van sy gunstelingliedjies in gebed gespeel het, het 'n **manifestasie** plaasgevind.

Die ritmes was gekodeer met **gesangspore** van okkulte rituele. Agtertoe maskering het frases soos "onderwerp jou siel" en "Lucifer praat" onthul.

Nadat Elia die musiek uitgevee het, berou getoon het en die verbintenis versaak het, het vrede teruggekeer.

Die oorlog het deur sy **oorpoorte ingekom** .

Globale Programmeringspatrone

- **Afrika** – Afrobeat-liedjies gekoppel aan geldrituele; "juju"-verwysings versteek in lirieke; modehandelsmerke met simbole van die mariene koninkryk.
- **Asië** – K-pop met subliminale seksuele en gees-kanaliserende boodskappe; anime-karakters deurdrenk met Shinto-demoonlore.
- **Latyns-Amerika** – Reggaeton bevorder Santería-gesange en agteruitgekodeerde towerspreuke.
- **Europa** – Modehuise (Gucci, Balenciaga) integreer sataniese beelde en rituele in die loopplankkultuur.
- **Noord-Amerika** – Hollywood-films gekodeer met heksery (Marvel, gruwel, "lig teenoor donker"-films); spotprente wat towerspreuke as pret gebruik.

Common Entry Portals (and Their Spirit Assignments)

Media Type	Portal	Demonic Assignment
Music	Beats/samples from rituals	Torment, violence, rebellion
TV Series	Magic, lust, murder glorification	Desensitization, soul dulling
Fashion	Symbols (serpent, eye, goat, triangles)	Identity confusion, spiritual binding
Video Games	Sorcery, blood rites, avatars	Astral transfer, addiction, occult alignment
Social Media	Trends on "manifestation," crystals, spells	Sorcery normalization

AKSIEPLAN – ONDERSKEI, Ontgift, Verdedig

1. **Ouditeer jou snitlys, klerekas en kykgeskiedenis**. Soek vir okkulte, wellustige, rebelse of gewelddadige inhoud.
2. **Vra die Heilige Gees om** elke onheilige invloed te ontbloot.
3. **Vee uit en vernietig**. Moenie verkoop of skenk nie. Verbrand of gooi enigiets demonies weg – fisies of digitaal.
4. **Salf jou toestelle**, kamer en ore. Verklaar hulle geheilig vir God se heerlikheid.
5. **Vervang met waarheid**: Aanbiddingsmusiek, goddelike films, boeke en Skriflesings wat jou denke vernuwe.

Groepaansoek

- Lei lede in 'n "Media-inventaris." Laat elke persoon programme, liedjies of items neerskryf wat hulle vermoed portale kan wees.
- Bid oor fone en oorfone. Salf hulle.
- Doen 'n groep-"ontgiftingsvas" — 3 tot 7 dae sonder sekulêre media. Voed slegs op God se Woord, aanbidding en gemeenskap.
- Getuig van die resultate by die volgende vergadering.

Sleutel Insig
Demone het nie meer 'n heiligdom nodig om jou huis binne te gaan nie. Al wat hulle nodig het, is jou toestemming om op speel te druk.

Refleksiejoernaal

- Wat het ek gekyk, gehoor of gedra wat 'n oop deur na onderdrukking kan wees?
- Is ek bereid om prys te gee wat my vermaak as dit my ook verslaaf?
- Het ek rebellie, wellus, geweld of bespotting in die naam van "kuns" genormaliseer?

GEBED VAN REINIGING

Here Jesus, ek kom voor U en vra vir volle geestelike ontgifting. Ontbloot elke gekodeerde towerspreuk wat ek in my lewe toegelaat het deur musiek, mode, speletjies of media. Ek bely dat ek gekyk, gedra en geluister het na wat U oneer aandoen. Vandag sny ek die sielsbande. Ek dryf elke gees van rebellie, heksery, wellus, verwarring of pyniging uit. Reinig my oë, ore en hart. Ek wy nou my liggaam, media en keuses aan U alleen. In Jesus se Naam. Amen.

DAG 37: DIE ONSIGBARE ALTARS VAN MAG — VRYMESSELAARS, KABBALAH, EN OKKULTE ELITES

"*Weer het die duiwel Hom na 'n baie hoë berg geneem en Hom al die koninkryke van die wêreld en hulle heerlikheid gewys en vir Hom gesê: 'Dit alles sal ek U gee as U neerbuig en my aanbid.'*" — Matteus 4:8–9

"*Julle kan nie ook die beker van die Here drink en ook die beker van die duiwels nie; julle kan nie deel hê aan die tafel van die Here en aan die tafel van die duiwels nie.*" — 1 Korintiërs 10:21

Daar is altare versteek nie in grotte nie, maar in raadsale.

Geeste nie net in oerwoude nie – maar in regeringsale, finansiële torings, Ivy League-biblioteke en heiligdomme vermom as "kerke".

Welkom in die ryk van die **elite okkulte** :

Vrymesselaars, Rosekruisers , Kabbaliste , Jesuïete-ordes, Oosterse Sterre en verborge Luciferiaanse priesterdomme wat **hul toewyding aan Satan in rituele, geheimhouding en simbole verbloem** . Hul gode is rede, mag en antieke kennis – maar hul **siele is aan die duisternis verbind** .

Versteek in die blote sig

- **Vrymesselary** vermom hulself as 'n broederskap van bouers – tog roep die hoër grade daarvan demoniese entiteite op, sweer doodseede en verheerlik Lucifer as "ligdraer".
- **Kabbalah** belowe mistieke toegang tot God – maar dit vervang Yahweh subtiel met kosmiese energiekaarte en numerologie.
- **Jesuïete-mistiek** , in sy korrupte vorme, meng dikwels Katolieke beeldspraak met geestelike manipulasie en beheer van wêreldstelsels.
- **Hollywood, Mode, Finansies en Politiek** dra almal gekodeerde boodskappe, simbole en **openbare rituele wat eintlik**

aanbiddingsdienste aan Lucifer is .

Jy hoef nie 'n bekende persoonlikheid te wees om geraak te word nie. Hierdie stelsels **besoedel nasies** deur:

- Mediaprogrammering
- Onderwysstelsels
- Godsdienstige kompromie
- Finansiële afhanklikheid
- Rituele vermom as "inisiasies", "beloftes" of "handelsmerkooreenkomste"

Ware verhaal – "Die losie het my afstamming verwoes"
Solomon (naam verander), 'n suksesvolle sakemagnaat van die Verenigde Koninkryk, het by 'n Vrymesselaarslosie aangesluit vir netwerkvorming. Hy het vinnig opgestaan en rykdom en aansien verwerf. Maar hy het ook skrikwekkende nagmerries begin kry – mans in mantels wat hom ontbied, bloedeede, donker diere wat hom jaag. Sy dogter het haarself begin sny en beweer dat 'n "teenwoordigheid" haar dit laat doen het.

Eendag het hy 'n man in sy kamer gesien – halfmens, halfjakkals – wat vir hom gesê het: *"Jy is myne. Die prys is betaal."* Hy het uitgereik na 'n bevrydingsbediening. Dit het **sewe maande van verloëning, vas, brakingsrituele en die vervanging van elke okkulte band geneem** – voordat vrede gekom het.

Hy het later ontdek: **Sy oupa was 'n 33ste-graadse messelaar. Hy het die nalatenskap slegs onwetend voortgesit.**

Globale bereik

- **Afrika** – Geheime genootskappe onder stamheersers, regters, pastore — wat trou sweer aan bloedede in ruil vir mag.
- **Europa** – Ridders van Malta, Illuministiese losies en elite esoteriese universiteite.
- **Noord-Amerika** – Vrymesselaarsfondamente onder die meeste stigtingsdokumente, hofstrukture en selfs kerke.
- **Asië** – Verborge draakkultusse, voorvaderlike ordes en politieke

groepe gewortel in Boeddhisme-sjamanisme-hibriede.
- **Latyns-Amerika** – Sinkretiese kultusse wat Katolieke heiliges met Luciferiaanse geeste soos Santa Muerte of Baphomet vermeng.

Aksieplan — Ontsnapping van Elite Altare

1. **Verwerp** enige betrokkenheid by Vrymesselary, Eastern Star, Jesuïete-ede, Gnostiese boeke of mistieke stelsels – selfs "akademiese" studie daarvan.
2. **Vernietig** regalia, ringe, spelde, boeke, voorskoot, foto's en simbole.
3. **Verbreek woordvloek** — veral doodseede en inisiasiebeloftes. Gebruik Jesaja 28:18 ("Jou verbond met die dood sal nietig verklaar word...").
4. **Vas 3 dae** terwyl jy Esegiël 8, Jesaja 47 en Openbaring 17 lees.
5. **Vervang die altaar** : Wy jouself weer toe aan die altaar van Christus alleen (Romeine 12:1–2). Nagmaal. Aanbidding. Salwing.

Jy kan nie gelyktydig in die voorhowe van die hemel en in die voorhowe van Lucifer wees nie. Kies jou altaar.

Groepaansoek

- Identifiseer algemene elite-organisasies in jou streek – en bid direk teen hul geestelike invloed.
- Hou 'n sessie waar lede vertroulik kan bely of hul families betrokke was by Vrymesselary of soortgelyke kultusse.
- Bring olie en nagmaal — lei 'n massa-verloëning van ede, rituele en seëls wat in die geheim gemaak is.
- Breek trots — herinner die groep: **Geen toegang is jou siel werd nie.**

Sleutel Insig

Geheime genootskappe belowe lig. Maar slegs Jesus is die Lig van die Wêreld. Elke ander altaar eis bloed – maar kan nie red nie.

Refleksiejoernaal

- Was enigiemand in my bloedlyn betrokke by geheime genootskappe

of "ordes"?
- Het ek okkulte boeke gelees of besit wat as akademiese tekste vermom is?
- Watter simbole (pentagramme, alsiende oë, sonne, slange, piramides) is in my klere, kuns of juweliersware versteek?

Gebed van Verloëning

Vader, ek verloën elke geheime genootskap, losie, eed, ritueel of altaar wat nie op Jesus Christus gegrond is nie. Ek verbreek die verbonde van my vaders, my bloedlyn en my eie mond. Ek verwerp Vrymesselary, Kabbalah, mistisisme en elke verborge pakt wat vir mag gesluit is. Ek vernietig elke simbool, elke seël en elke leuen wat lig belowe het, maar slawerny gelewer het. Jesus, ek troon U weer as my enigste Meester. Skyn u lig in elke geheime plek. In u Naam wandel ek vry. Amen.

DAG 38: BAARMOEDERVERBONDE & WATERKONINKRYKE — WANNEER DIE BESTEMMING VOOR GEBOORTE BESOED WORD

"*Die goddelose is vervreemd van die moederskoot af; hulle dwaal af sodra hulle gebore is, hulle praat leuens.*" — Psalm 58:3

"*Voordat Ek jou in die moederskoot gevorm het, het Ek jou geken; voordat jy gebore is, het Ek jou afgesonder...*" — Jeremia 1:5

Wat as die gevegte wat jy voer nie met jou keuses begin het nie – maar met jou konsepsie?

Wat as jou naam in donker plekke uitgespreek is terwyl jy nog in die baarmoeder was?

Wat as **jou identiteit uitgeruil**, jou **lot verkoop** en jou **siel gemerk is** – voordat jy jou eerste asemteug geneem het?

Dit is die realiteit van **onderwater-inisiasie**, **mariene geesverbonde** en **okkulte baarmoeder-aansprake** wat **generasies bind**, veral in streke met diep voorvaderlike en kusrituele.

Die Waterryk — Satan se Troon Hieronder

In die onsigbare ryk regeer Satan **meer as net die lug**. Hy regeer ook **die seewêreld** – 'n ontsaglike demoniese netwerk van geeste, altare en rituele onder oseane, riviere en mere.

Mariene geeste (algemeen genoem *Mami Wata*, *Koningin van die Kus*, *geesvroue/mans*, ens.) is verantwoordelik vir:

- Voortydige dood
- Onvrugbaarheid en miskrame
- Seksuele bondage en drome
- Geestelike pyniging

- Kwale by pasgeborenes
- Besigheid se styging-en-ineenstortingpatrone

Maar hoe kry hierdie geeste **wettige grond** ?
By die baarmoeder.
Ongesiene Inisiasies Voor Geboorte

- **Voorvaderlike toewydings** – 'n Kind wat aan 'n godheid "belowe" word indien hy gesond gebore word.
- **Okkulte priesteresse** wat die baarmoeder tydens swangerskap aanraak.
- **Verbondsname** wat deur familie gegee word — onwetend vereer seekoninginne of geeste.
- **Geboorterituele wat** met rivierwater, gelukbringers of kruie van heiligdomme gedoen word.
- **Naelstringbegrafnis** met beswerings.
- **Swangerskap in okkulte omgewings** (bv. Vrymesselary-losies, nuwe era-sentrums, poligame kultusse).

Sommige kinders word reeds as slawe gebore. Daarom skree hulle hewig by geboorte – hulle gees voel duisternis.

Ware storie – "My baba het aan die rivier behoort"
Jessica, van Sierra Leone, het al 5 jaar probeer om swanger te raak. Uiteindelik het sy swanger geraak nadat 'n "profeet" haar 'n seep gegee het om mee te bad en 'n olie om op haar baarmoeder te smeer. Die baba is sterk gebore - maar teen 3 maande oud het hy aanhoudend begin huil, altyd in die nag. Hy het water gehaat, tydens baddens geskree en onbeheerbaar gebewe wanneer hy naby die rivier geneem is.

Eendag het haar seun stuiptrekkings gekry en vir 4 minute gesterf. Hy het herleef – en **op 9 maande in volle woorde begin praat** : "Ek hoort nie hier nie. Ek behoort aan die Koningin."

Verskrik het Jessica verlossing gesoek. Die kind is eers vrygelaat na 14 dae van vas en verloëningsgebede – haar man moes 'n familie-afgod vernietig wat in sy dorp versteek was voordat die pyniging opgehou het.

Babas word nie leeg gebore nie. Hulle word gebore in gevegte wat ons namens hulle moet veg.

GLOBALE PARALLELLE

- **Afrika** – Rivieraltare, Mami Wata- toewydings, plasenta-rituele.
- **Asië** – Watergeeste word tydens Boeddhistiese of animistiese geboortes opgeroep.
- **Europa** – Druïdiese vroedvrouverbonde, voorvaderlike waterrites, Vrymesselaarstoewydings.
- **Latyns-Amerika** – Santeria-naamgewing, geeste van riviere (bv. Oshun), geboorte onder astrologiekaarte.
- **Noord-Amerika** – Nuwe era-geboorterituele, hipno-geboorte met geesgidse, "seënseremonies" deur mediums.

Tekens van Baarmoeder-geïnisieerde Gebondenheid

- Herhalende miskraampatrone oor generasies heen
- Nagvrese by babas en kinders
- Onverklaarbare onvrugbaarheid ten spyte van mediese goedkeuring
- Konstante waterdrome (oseane, vloede, swem, meerminne)
- Irrasionele vrees vir water of verdrinking
- Voel "opgeëis" - asof iets van geboorte af kyk

Aksieplan — Breek die Baarmoederverbond

1. **Vra die Heilige Gees** om te openbaar of jy (of jou kind) deur baarmoederrituele ingewy is.
2. **Verloën** enige verbond wat tydens swangerskap gemaak is – wetend of onwetend.
3. **Bid oor jou eie geboorteverhaal** – selfs al is jou moeder nie beskikbaar nie, praat as die wettige geestelike poortwagter van jou lewe.
4. **Vas met Jesaja 49 en Psalm 139** – om jou goddelike bloudruk terug

te eis.
5. **Indien swanger**: Salf jou maag en praat daagliks oor jou ongebore kind:

"Julle is afgesonder vir die Here. Geen gees van water, bloed of duisternis sal julle besit nie. Julle behoort aan Jesus Christus – liggaam, siel en gees."

Groepaansoek

- Vra deelnemers om neer te skryf wat hulle van hul geboorteverhaal weet – insluitend rituele, vroedvroue of naamgewingsgebeure.
- Moedig ouers aan om hul kinders opnuut toe te wy aan 'n "Christus-gesentreerde Naamgewings- en Verbondsdiens".
- Lei gebede wat waterverbonde verbreek deur *Jesaja 28:18*, *Kolossense 2:14* en *Openbaring 12:11 te gebruik*.

Sleutel Insig

Die baarmoeder is 'n poort – en wat daardeur gaan, gaan dikwels met geestelike bagasie in. Maar geen baarmoederaltaar is groter as die Kruis nie.

Refleksiejoernaal

- Was daar enige voorwerpe, olies, gelukbringers of name betrokke by my bevrugting of geboorte?
- Ervaar ek geestelike aanvalle wat in my kinderjare begin het?
- Het ek onwetend mariene verbonde aan my kinders oorgedra?

Gebed van Vrystelling

Hemelse Vader, U het my geken voordat ek gevorm is. Vandag verbreek ek elke verborge verbond, waterritueel en demoniese toewyding wat by of voor my geboorte gedoen is. Ek verwerp elke aanspraak van mariene geeste, familiêre geeste of generasie-baarmoederaltare. Laat die bloed van Jesus my geboorteverhaal en die verhaal van my kinders herskryf. Ek is gebore uit die Gees — nie uit wateraltare nie. In Jesus se Naam. Amen.

DAG 39: WATER GEDOOP IN SLAWERNY — HOE BABAS, INISIËLETTERS EN ONGESIENE VERBONDES DEURE OOPMAAK

"*Hulle het onskuldige bloed vergiet, die bloed van hulle seuns en dogters wat hulle aan die afgode van Kanaän geoffer het, en die land is deur hulle bloed ontheilig.*" — Psalm 106:38

"*Kan buit geneem word van krygers, of gevangenes gered word van die wrede?" Maar so sê die Here: "Ja, gevangenes sal geneem word van krygers, en buit sal teruggebring word van die wrede...*" — Jesaja 49:24–25

Baie lotgevalle is nie net **in volwassenheid ontspoor nie** – hulle is **in babatyd gekaap**.

Daardie oënskynlik onskuldige naamgewingseremonie...

Daardie terloopse duik in rivierwater "om die kind te seën"...

Die muntstuk in die hand... Die sny onder die tong... Die olie van 'n "geestelike ouma"... Selfs die voorletters wat by geboorte gegee is...

Hulle mag almal kultureel voorkom. Tradisioneel. Onskadelik.

Maar die koninkryk van die duisternis **skuil in tradisie**, en baie kinders is **in die geheim ingewy** voordat hulle ooit "Jesus" kon sê.

Ware Storie – "Ek is deur die Rivier vernoem"

In Haïti het 'n seun genaamd Malick grootgeword met 'n vreemde vrees vir riviere en storms. As kleuter is hy deur sy ouma na 'n stroom geneem om "aan die geeste voorgestel" te word vir beskerming. Hy het teen die ouderdom van 7 stemme begin hoor. Op 10 het hy nagtelike besoeke gehad. Teen 14 het hy selfmoord probeer pleeg nadat hy 'n "teenwoordigheid" altyd aan sy sy gevoel het.

By 'n bevrydingsbyeenkoms het die demone gewelddadig gemanifesteer en geskreeu: "Ons het die rivier binnegegaan! Ons is by die naam geroep!"

Sy naam, " Malick ," was deel van 'n geestelike naamgewingstradisie om "die rivierkoningin te vereer." Totdat hy in Christus herdoop is, het die pyniging voortgeduur. Hy bedien nou bevryding onder die jeug wat vasgevang is in voorvaderlike toewydings.

Hoe dit gebeur — Die verborge lokvalle

1. **Voorletters as Verbonde**
   Sommige voorletters, veral dié wat gekoppel is aan voorvadername, familiegode of watergode (bv. "MM" = Mami/Marine; "OL" = Oya/Orisha-afstamming), tree op as demoniese handtekeninge.
2. **Baba-doop in riviere/strome**
   word gedoen "vir beskerming" of "reiniging", dit is dikwels **doop in seegeeste** .
3. **Geheime Naamgewingseremonies**
   Waar 'n ander naam (anders as die openbare een) gefluister of uitgespreek word voor 'n altaar of heiligdom.
4. **Geboortemerkrituele**
   Olies, as of bloed wat op voorkoppe of ledemate geplaas word om 'n kind vir geeste te "merk".
5. **Watergevoede naelstringbegrafnisse**
   Naelstringe word in riviere, strome gegooi, of met waterbeswerings begrawe—wat die kind aan wateraltare vasmaak.

As jou ouers jou nie met Christus verbind het nie, is die kanse goed dat iemand anders jou opgeëis het.

Globale Okkulte Baarmoederbindingspraktyke

- **Afrika** – Babas word na riviergode vernoem, toue word naby mariene altare begrawe.
- **Karibiese Eilande/Latyns-Amerika** – Santeria-dooprituele, Yoruba-styl toewydings met kruie en rivieritems.
- **Asië** – Hindoe-rituele wat Gangeswater behels, astrologies berekende naamgewing gekoppel aan elementêre geeste.
- **Europa** – Druïdiese of esoteriese naamgewingstradisies wat woud-

/waterbewakers aanroep.
- **Noord-Amerika** – Inheemse rituele toewydings, moderne Wicca-baba-seëninge, nuwe era-naamgewingseremonies wat "antieke gidse" aanroep.

Hoe weet ek?

- Onverklaarbare vroeë kinderjare pyniging, siektes of "denkbeeldige vriende"
- Drome van riviere, meerminne, gejaag deur water
- Afkeer van kerke, maar fassinasie met mistieke dinge
- 'n Diep gevoel van "gevolg" of dopgehou word van geboorte af
- Ontdek 'n tweede naam of onbekende seremonie wat verband hou met jou babatyd

Aksieplan – Verlos die Kindheid

1. **Vra die Heilige Gees** : Wat het gebeur toe ek gebore is? Watter geestelike hande het my aangeraak?
2. **Verwerp alle verborge toewydings**, selfs al is dit in onkunde: "Ek verwerp enige verbond wat namens my gemaak is wat nie aan die Here Jesus Christus was nie."
3. **Verbreek bande met voorvaderlike name, voorletters en tekens**.
4. **Gebruik Jesaja 49:24–26, Kolossense 2:14 en 2 Korintiërs 5:17** om identiteit in Christus te verklaar.
5. Indien nodig, **hou 'n hertoewydingseremonie** — stel jouself (of jou kinders) opnuut aan God voor, en verklaar nuwe name indien nodig.

GROEPAANSOEK

- Nooi deelnemers om die storie van hul name te ondersoek.
- Skep 'n ruimte vir geestelike herbenaming indien gelei – laat mense toe om name soos "Dawid", "Ester" of geesgeleide identiteite op te eis.

- Lei die groep in 'n simboliese *herdoop* van toewyding — nie wateronderdompeling nie, maar salwing en woordgebaseerde verbond met Christus.
- Laat ouers verbonde oor hul kinders in gebed verbreek: "Julle behoort aan Jesus – geen gees, rivier of voorvaderlike band het enige wettige grond nie."

Sleutel Insig

Jou begin maak saak. Maar dit hoef nie jou einde te definieer nie. Elke rivier se eis kan verbreek word deur die rivier van die bloed van Jesus.

Refleksiejoernaal

- Watter name of voorletters is aan my gegee, en wat beteken hulle?
- Was daar geheime of kulturele rituele by my geboorte wat ek moet verloën?
- Het ek werklik my lewe – my liggaam, siel, naam en identiteit – aan die Here Jesus Christus toegewy?

Gebed van Verlossing

Vader God, ek kom voor U in die Naam van Jesus. Ek verloën elke verbond, toewyding en ritueel wat by my geboorte gedoen is. Ek verwerp elke naamgewing, waterinisiasie en voorvaderlike aanspraak. Of dit nou deur voorletters, naamgewing of verborge altare is – ek kanselleer elke demoniese reg op my lewe. Ek verklaar nou dat ek ten volle U s'n is. My naam is geskryf in die Boek van die Lewe. My verlede is bedek deur die bloed van Jesus, en my identiteit is verseël deur die Heilige Gees. Amen.

DAG 40: VAN VERLOOR NA VERLOORER — JOU PYN IS JOU ORDINASIE

"*Maar die volk wat hulle God ken, sal sterk wees en heldedade verrig.*" — Daniël 11:32

"*Toe het die Here rigters verwek, wat hulle uit die hand van hierdie rowers gered het.*" — Rigters 2:16

Jy is nie vrygelaat om stil in die kerk te sit nie.

Jy is nie vrygemaak net om te oorleef nie. Jy is vrygelaat **om ander te verlos**

Dieselfde Jesus wat die besetene in Markus 5 genees het, het hom teruggestuur na Dekapolis om die storie te vertel. Geen kweekskool nie. Geen ordening nie. Net 'n **brandende getuienis** en 'n mond wat aan die brand gesteek word.

Jy is daardie man. Daardie vrou. Daardie familie. Daardie nasie.

Die pyn wat jy verduur het, is nou jou wapen.

Die pyniging wat jy ontsnap het, is jou trompet. Wat jou in duisternis gehou het, word nou die **verhoog van jou heerskappy.**

Ware Storie – Van Mariene Bruid tot Bevrydingspredikant

Rebecca, van Kameroen, was 'n voormalige bruid van 'n seegees. Sy is op 8-jarige ouderdom tydens 'n naamgewingseremonie aan die kus ingewy. Teen 16 het sy seks in drome gehad, mans met haar oë beheer en verskeie egskeidings deur towery veroorsaak. Sy was bekend as "die mooi vloek".

Toe sy die evangelie op universiteit teëgekom het, het haar demone wild geword. Dit het ses maande van vas, bevryding en diep dissipelskap geneem voordat sy vry was.

Vandag hou sy bevrydingskonferensies vir vroue regoor Afrika. Duisende is deur haar gehoorsaamheid bevry.

Wat as sy stilgebly het?

Apostoliese Opkoms — Globale Verlossers Word Gebore

- **In Afrika** plant oud-toordokters nou kerke.
- **In Asië** verkondig oud-Boeddhiste Christus in geheime huise.
- **In Latyns-Amerika** breek voormalige Santeria-priesters nou altare af.
- **In Europa** lei eks-okkultiste verklarende Bybelstudies aanlyn.
- **In Noord-Amerika** lei oorlewendes van nuwe era-misleidings weeklikse bevrydings-Zooms.

Hulle is **die onwaarskynlikes**, die gebrokenes, die voormalige slawe van die duisternis wat nou in die lig marsjeer – en **jy is een van hulle**.

Finale Aksieplan – Begin jou oproep

1. **Skryf jou getuienis** – selfs al voel jy dis nie dramaties nie. Iemand het jou vryheidsverhaal nodig.
2. **Begin klein** — Bid vir 'n vriend. Hou 'n Bybelstudie. Deel jou verlossingsproses.
3. **Moet nooit ophou leer nie** — Verlossers bly in die Woord, bly berouvol en bly skerpsinnig.
4. **Bedek jou familie** — Verklaar daagliks dat die duisternis by jou en jou kinders ophou.
5. **Verklaar geestelike oorlogsones** — Jou werkplek, jou huis, jou straat. Wees die poortwagter.

Groep-inbedryfstelling

Vandag is nie net 'n toewyding nie – dis 'n **inwerkingstellingsplegtigheid**.

- Salf mekaar se koppe met olie en sê:

"Jy is verlos om te verlos. Staan op, Regter van God."

- Verklaar hardop as 'n groep:

"Ons is nie meer oorlewendes nie. Ons is krygers. Ons dra lig, en duisternis bewe."

- Wys gebedspare of verantwoordelikheidsvennote aan om aan te hou groei in vrymoedigheid en impak.

Sleutel Insig

Die grootste wraak teen die koninkryk van die duisternis is nie net vryheid nie.

Dit is vermenigvuldiging.

Finale Refleksiejoernaal

- Wanneer was die oomblik toe ek geweet het ek het van duisternis na lig oorgegaan?
- Wie moet my storie hoor?
- Waar kan ek hierdie week doelbewus begin om lig te laat skyn?
- Is ek bereid om bespot, misverstaan en weerstaan te word – ter wille van die vrymaking van ander?

Gebed van Opdraggewing

Vader God, ek dank U vir 40 dae van vuur, vryheid en waarheid. U het my nie gered net om my te beskerm nie — U het my verlos om ander te verlos. Vandag ontvang ek hierdie mantel. My getuienis is 'n swaard. My letsels is wapens. My gebede is hamers. My gehoorsaamheid is aanbidding. Ek wandel nou in die Naam van Jesus — as 'n vuuraansteker, 'n verlosser, 'n ligdraer. Ek is U s'n. Die duisternis het geen plek in my nie, en geen plek om my nie. Ek neem my plek in. In Jesus se Naam. Amen.

360° DAAGLIKSE VERKLARING VAN VERLOSSING & HEERSKAPPY – Deel 1

"*Geen wapen wat teen jou gesmee word, sal voorspoedig wees nie, en elke tong wat teen jou opstaan in die gereg, sal jy veroordeel. Dit is die erfdeel van die knegte van die Here...*" — Jesaja 54:17

Vandag en elke dag neem ek my volle posisie in Christus in – gees, siel en liggaam.

Ek sluit elke deur – bekend en onbekend – na die koninkryk van die duisternis.

Ek verbreek alle kontak, kontrak, verbond of gemeenskap met bose altare, voorvadergeeste, gees-eggenote, okkulte samelewings, heksery en demoniese alliansies — deur die bloed van Jesus!

Ek verklaar dat ek nie te koop is nie. Ek is nie toeganklik nie. Ek is nie werfbaar nie. Ek is nie heringewy nie.

Elke sataniese herroeping, geestelike toesig of bose oproeping – word deur vuur verstrooi, in die Naam van Jesus!

Ek verbind myself aan die denke van Christus, die wil van die Vader en die stem van die Heilige Gees.

Ek wandel in lig, in waarheid, in krag, in reinheid en in doelgerigtheid.

Ek maak elke derde oog, psigiese poort en onheilige portaal toe wat deur drome, trauma, seks, rituele, media of valse leringe oopgemaak word.

Laat die vuur van God elke onwettige storting in my siel verteer, in Jesus se Naam.

Ek spreek tot die lug, land, see, sterre en hemele – julle sal nie teen my werk nie.

Elke verborge altaar, agent, wagter of fluisterende demoon wat teen my lewe, familie, roeping of gebied opgedra is – word ontwapen en stilgemaak deur die bloed van Jesus!

Ek deurdrenk my gedagtes in die Woord van God.

Ek verklaar dat my drome geheilig is. My gedagtes is beskut. My slaap is heilig. My liggaam is 'n tempel van vuur.

Van hierdie oomblik af wandel ek in 360-grade verlossing – niks verborge, niks gemis nie.

Elke aanhoudende slawerny breek. Elke generasie-juk verpletter. Elke onberouvolle sonde word blootgelê en gereinig.

Ek verklaar:

- **Duisternis het geen heerskappy oor my nie.**
- **My huis is 'n brandgebied.**
- **My poorte is in heerlikheid verseël.**
- **Ek leef in gehoorsaamheid en wandel in krag.**

Ek staan op as 'n verlosser vir my geslag.

Ek sal nie terugkyk nie. Ek sal nie teruggaan nie. Ek is lig. Ek is vuur. Ek is vry. In Jesus se magtige Naam. Amen!

360° DAAGLIKSE VERKLARING VAN VERLOSSING & HEERSKAPPY – Deel 2

Beskerming teen heksery, towery, nekromancers, mediums en demoniese kanale

Verlossing vir jouself en ander onder hul invloed of slawerny

Reiniging en bedekking deur die bloed van Jesus

Herstel van gesondheid, identiteit en vryheid in Christus

Beskerming en Vryheid van Heksery, Mediums, Nekromantici en Geestelike Gebondenheid

(Deur die Bloed van Jesus en die Woord van Ons Getuienis)

"En hulle het hom oorwin deur die bloed van die Lam en deur die woord van hulle getuienis…"

— *Openbaring 12:11*

"Die Here … verydel die tekens van valse profete en maak die waarsêers tot dwase … Hy bevestig die woord van sy dienaar en vervul die raad van sy boodskappers."

— *Jesaja 44:25–26*

"Die Gees van die Here is op My … om vrylating aan gevangenes te verkondig en vrylating aan geboeides …"

- *Lukas 4:18*

OPENINGSGEBED:

Vader God, ek kom vandag met vrymoedigheid deur die bloed van Jesus. Ek erken die krag in U Naam en verklaar dat U alleen my verlosser en verdediger is. Ek staan as U dienaar en getuie, en ek verklaar U Woord vandag met vrymoedigheid en gesag.

VERKLARINGS VAN BESKERMING EN VERLOSING

1. **Bevryding van Heksery, Mediums, Nekromantici en Geestelike Invloed:**

- Ek **verbreek en verloën** elke vloek, towerspreuk, waarsêery, betowering, manipulasie, monitering, astrale projeksie of sielsband—gespreek of uitgevoer—deur heksery, nekromansie, mediums of geestelike kanale.
- Ek **verklaar** dat die **bloed van Jesus** teen elke onrein gees is wat probeer om my of my familie te bind, af te lei, te mislei of te manipuleer.
- Ek beveel dat **alle geestelike inmenging, besitting, onderdrukking of sielsgebondenheid** nou verbreek word deur die gesag in die Naam van Jesus Christus.
- Ek spreek **verlossing vir myself en vir elke persoon, wetend of onwetend onder die invloed van heksery of valse lig**. Kom nou uit! Wees vry, in Jesus se Naam!
- Ek roep die vuur van God aan om **elke geestelike juk, sataniese kontrak en altaar** wat in die gees opgerig is om ons bestemmings te verslaaf of te verstrik, te verbrand.

"Daar is geen towery teen Jakob, geen waarsêery teen Israel nie." – *Numeri 23:23*

2. **Reiniging en Beskerming van Self, Kinders en Familie:**

- Ek pleit die bloed van Jesus oor my **verstand, siel, gees, liggaam, emosies, familie, kinders en werk.**
- Ek verklaar: Ek en my huis is **verseël deur die Heilige Gees en verborge saam met Christus in God.**
- Geen wapen wat teen ons gesmee word, sal voorspoedig wees nie. Elke tong wat kwaad teen ons spreek, word in Jesus se Naam **geoordeel en stilgemaak**.
- Ek verloën en werp elke **gees van vrees, pyniging, verwarring, verleiding of beheer uit**.

"Ek is die HERE wat die tekens van die leuenaars verydel..." — *Jesaja 44:25*

3. Herstel van Identiteit, Doel en Gesonde Verstand:

- Ek eis elke deel van my siel en identiteit terug wat **verhandel, vasgevang of gesteel is** deur misleiding of geestelike kompromie.
- Ek verklaar: Ek het die **gesindheid van Christus**, en ek wandel in helderheid, wysheid en gesag.
- Ek verklaar: Ek is **verlos van elke geslagsvloek en huishoudelike towery**, en ek wandel in verbond met die Here.

"God het my nie 'n gees van vreesagtigheid gegee nie, maar van krag en liefde en selfbeheersing." – *2 Timoteus 1:7*

4. Daaglikse Bedekking en Oorwinning in Christus:

- Ek verklaar: Vandag wandel ek in goddelike **beskerming, onderskeidingsvermoë en vrede**.
- Die bloed van Jesus spreek **beter dinge** vir my—beskerming, genesing, gesag en vryheid.
- Elke bose opdrag wat vir hierdie dag gestel is, is omvergewerp. Ek wandel in oorwinning en triomf in Christus Jesus.

"Duisend mag aan my sy val en tienduisend aan my regterhand, maar dit sal nie naby my kom nie..." — *Psalm 91:7*

FINALE VERKLARING EN GETUIENIS:

"Ek oorkom elke vorm van duisternis, heksery, nekromansie, towery, psigiese manipulasie, sielpeuter en bose geestelike oordrag – nie deur my krag nie, maar **deur die bloed van Jesus en die Woord van my getuienis**."

"Ek verklaar: **Ek is verlos. My huishouding is verlos.** Elke verborge juk is gebreek. Elke lokval is blootgelê. Elke valse lig is uitgeblus. Ek wandel in vryheid. Ek wandel in waarheid. Ek wandel in die krag van die Heilige Gees."

"Die Here bevestig die woord van sy kneg en voer die raad van sy boodskapper uit. So sal dit vandag wees en elke dag van nou af."

In Jesus se magtige Naam, **Amen.**

SKRIFSTUURVERWYSINGS:

- Jesaja 44:24–26
- Openbaring 12:11
- Jesaja 54:17
- Psalm 91
- Numeri 23:23
- Lukas 4:18
- Efesiërs 6:10–18
- Kolossense 3:3
- 2 Timoteus 1:7

360° DAAGLIKSE VERKLARING VAN VERLOSSING & HEERSKAPPY - Deel 3

"*Die Here is 'n krygsman; die Here is sy Naam.*" – Eksodus 15:3

"*Hulle het hom oorwin deur die bloed van die Lam en deur die woord van hulle getuienis...*" – Openbaring 12:11

Vandag staan ek op en neem my plek in Christus in – sit in die hemele, ver bo alle owerhede, magte, trone, heerskappye en elke naam wat genoem word.

EK VERLOOR

Ek verloën elke bekende en onbekende verbond, eed of inisiasie:

- Vrymesselary (1ste tot 33ste grade)
- Kabbala en Joodse mistiek
- Oosterse Ster en Rosekruisers
- Jesuïete-ordes en Illuminati
- Sataniese broederskappe en Luciferiaanse sektes
- Mariene geeste en ondersese verbonde
- Kundalini-slange, chakra-belynings en derde-oog-aktiverings
- Nuwe Era-misleiding, Reiki, Christelike joga en astrale reise
- Heksery, towery, nekromansie en astrale kontrakte
- Okkulte sielsbande van seks, rituele en geheime pakts
- Vrymesselaarsede oor my bloedlyn en voorvaderlike priesterskappe

Ek sny elke geestelike naelstring af om:

- Antieke bloedaltare
- Valse profetiese vuur
- Gees-eggenote en droom-indringers
- Heilige meetkunde, ligkodes en universele wetlike leerstellings
- Valse christusse, familiêre geeste en nagemaakte heilige geeste

Laat die bloed van Jesus namens my spreek. Laat elke kontrak geskeur word. Laat elke altaar verpletter word. Laat elke demoniese identiteit uitgewis word – nou!

EK VERKLAAR

Ek verklaar:

- My liggaam is 'n lewende tempel van die Heilige Gees.
- My gedagtes word bewaak deur die helm van verlossing.
- My siel word daagliks geheilig deur die was van die Woord.
- My bloed word deur Golgota gereinig.
- My drome is in lig verseël.
- My naam is geskryf in die Lam se Boek van die Lewe – nie in enige okkulte register, losie, logboek, boekrol of seël nie!

EK BEVEEL

Ek beveel:

- Elke agent van duisternis — kykers, monitors, astrale projektors — om verblind en verstrooi te word.
- Elke tou aan die onderwêreld, die mariene wêreld en die astrale vlak — word gebreek!
- Elke donker merk, inplanting, rituele wond of geestelike brandmerk — word deur vuur gereinig!
- Elke bekende gees wat leuens fluister — word nou stilgemaak!

EK ONTKOPPEL

Ek ontkoppel van:

- Alle demoniese tydlyne, sielgevangenisse en geeskooie
- Alle ranglys en grade van geheime samelewings
- Alle valse mantels, trone of krone wat ek gedra het
- Elke identiteit wat nie deur God geskep is nie
- Elke alliansie, vriendskap of verhouding wat deur donker stelsels bemagtig word

EK VESTIG
Ek stel vas:

- 'n Firewall van glorie rondom my en my huishouding
- Heilige engele by elke hek, portaal, venster en pad,
- Suiwerheid in my media, musiek, herinneringe en verstand
- Waarheid in my vriendskappe, bediening, huwelik en sending
- Ononderbroke gemeenskap met die Heilige Gees

EK DIEN IN
Ek onderwerp myself geheel en al aan Jesus Christus –
Die Lam wat geslag is, die Koning wat regeer , die Leeu wat brul.
Ek kies lig. Ek kies waarheid. Ek kies gehoorsaamheid.
Ek behoort nie aan die duistere koninkryke van hierdie wêreld nie.
Ek behoort aan die Koninkryk van onse God en van sy Christus.

EK WAARSKU DIE VYAND
Met hierdie verklaring gee ek kennis aan:

- Elke hooggeplaaste prinsdom
- Elke heersende gees oor stede, bloedlyne en nasies
- Elke astrale reisiger, heks, towenaar of gevalle ster ...

Ek is onaantasbare eiendom.

My naam word nie in jou argiewe gevind nie. My siel is nie te koop nie. My drome is onder beheer. My liggaam is nie jou tempel nie. My toekoms is nie jou speelgrond nie. Ek sal nie terugkeer na slawerny nie. Ek sal nie voorvaderlike siklusse herhaal nie. Ek sal nie vreemde vuur dra nie. Ek sal nie 'n rusplek vir slange wees nie.

EK SEËL
Ek verseël hierdie verklaring met:

- Die bloed van Jesus
- Die vuur van die Heilige Gees

- Die gesag van die Woord
- Die eenheid van die Liggaam van Christus
- Die klank van my getuienis

In Jesus se naam, Amen en Amen

GEVOLGTREKKING: VAN OORLEWING TOT SEUNSKAP — VRY BLY, VRY LEEF, ANDER VRY MAAK

"*Staan dan vas in die vryheid waarmee Christus ons vrygemaak het, en laat julle nie weer onder die juk van slawerny bring nie.*" – Galasiërs 5:1

"*Hy het hulle uit duisternis en doodskaduwee uitgelei en hulle boeie stukkend gebreek.*" – Psalm 107:14

Hierdie 40 dae het nooit net oor kennis gegaan nie. Dit het gegaan oor **oorlogvoering**, **ontwaking** en **wandel in heerskappy**.

Jy het gesien hoe die donker koninkryk werk – subtiel, generasiegewys, soms openlik. Jy het deur voorvaderlike poorte, droomryke, okkultiese ooreenkomste, globale rituele en geestelike pyniging gereis. Jy het getuienisse van ondenkbare pyn teëgekom – maar ook **radikale verlossing**. Jy het altare gebreek, leuens verwerp en dinge gekonfronteer wat baie kansels te bang is om te noem.

MAAR DIT IS NIE DIE EINDE NIE.

Nou begin die ware reis: **Om jou vryheid te behou. Om in die Gees te leef. Om ander die uitweg te leer.**

Dis maklik om deur 40 dae van vuur te gaan en na Egipte terug te keer. Dis maklik om altare af te breek net om hulle in eensaamheid, wellus of geestelike moegheid te herbou.

Moenie.

Jy is nie meer 'n **slaaf van fietse nie**. Jy is 'n **wag** op die muur. 'n **Poortwagter** vir jou familie. 'n **Kryger** vir jou stad. 'n **Stem** vir die nasies.

7 LAATSTE AANKLAGTINGS VIR DIEGENE WAT IN HEERSKAP SAL WANDEL

1. **Bewaak jou poorte.**

Moenie geestelike deure weer oopmaak deur kompromie, rebellie, verhoudings of nuuskierigheid nie.
"Gee aan die duiwel geen plek nie." — Efesiërs 4:27

2. **Dissiplineer jou eetlus.**
   Vas behoort deel van jou maandelikse ritme te wees. Dit bring die siel weer in lyn en hou jou vlees onderdanig.
3. **Verbind jou tot reinheid**
   Emosioneel, seksueel, verbaal, visueel. Onreinheid is die nommer een poort wat demone gebruik om terug in te kruip.
4. **Bemeester die Woord. Die**
   Skrif is nie opsioneel nie. Dit is jou swaard, skild en daaglikse brood.
   "Laat die woord van Christus ryklik in julle woon..." (Kol. 3:16)
5. **Vind jou stam.**
   Verlossing was nooit bedoel om alleen geloop te word nie. Bou, dien en genees in 'n Geesvervulde gemeenskap.
6. **Omarm lyding.**
   Ja — lyding. Nie alle pyniging is demonies nie. Sommige is heiligmakend. Wandel daardeur. Heerlikheid lê voor.
   "Nadat julle 'n kort tydjie gely het... sal Hy julle versterk, julle grondves en julle versterk." — 1 Petrus 5:10
7. **Leer ander**
   wat jy verniet ontvang het – gee nou verniet. Help ander om vry te word. Begin met jou huis, jou kring, jou kerk.

VAN OORGELEWER AAN DISSIPEL

Hierdie oordenking is 'n wêreldwye uitroep – nie net vir genesing nie, maar vir 'n leër om op te staan.

Dit is **tyd vir herders** wat oorlog kan ruik.

Dit is **tyd vir profete** wat nie vir slange terugdeins nie.

Dit is **tyd vir moeders en vaders** wat generasie-pakte verbreek en altare van waarheid bou.

Dit is **tyd dat nasies** gewaarsku word, en dat die Kerk nie langer stilbly nie.

JY IS DIE VERSKIL

Waarheen jy van hier af gaan, maak saak. Wat jy dra, maak saak. Die duisternis waaruit jy getrek is, is die einste gebied waaroor jy nou gesag het.

Verlossing was jou geboortereg. Heerskappy is jou mantel.

Loop nou daarin.

LAASTE GEBED

Here Jesus, dankie dat U hierdie 40 dae saam met my gewandel het. Dankie dat U die duisternis blootgelê het, die kettings gebreek het en my na 'n hoër plek geroep het. Ek weier om terug te gaan. Ek verbreek elke ooreenkoms met vrees, twyfel en mislukking. Ek ontvang my koninkrykstoewysing met vrymoedigheid. Gebruik my om ander vry te maak. Vul my daagliks met die Heilige Gees. Laat my lewe 'n wapen van lig word - in my familie, in my nasie, in die Liggaam van Christus. Ek sal nie stilbly nie. Ek sal nie verslaan word nie. Ek sal nie moed opgee nie. Ek loop van duisternis na heerskappy. Vir ewig. In Jesus se Naam. Amen.

Hoe om Wedergebore te Word en 'n Nuwe Lewe met Christus te Begin

Miskien het jy al voorheen saam met Jesus gewandel, of miskien het jy Hom pas deur hierdie 40 dae ontmoet. Maar op die oomblik roer iets binne jou.

Jy is gereed vir meer as net godsdiens.

Jy is gereed vir **verhoudings**.

Jy is gereed om te sê: "Jesus, ek het U nodig."

Hier is die waarheid:

"Want almal het gesondig; ons almal skiet tekort aan die heerlike standaard van God ... tog spreek God ons vry in sy genade."

— Romeine 3:23–24 (NLT)

Jy kan nie verlossing verdien nie.

Jy kan jouself nie regmaak nie. Maar Jesus het reeds die volle prys betaal – en Hy wag om jou tuis te verwelkom.

Hoe om Wedergebore te Word

WEDERGEBORE WORD BETEKEN om jou lewe aan Jesus oor te gee – om Sy vergifnis te aanvaar, te glo dat Hy gesterf en weer opgestaan het, en Hom as jou Here en Verlosser te ontvang.

Dis eenvoudig. Dis kragtig. Dit verander alles.

Bid dit hardop:

"HERE JESUS, EK GLO U is die Seun van God.
  Ek glo U het vir my sondes gesterf en weer opgestaan.
  Ek bely dat ek gesondig het en ek het U vergifnis nodig.
  Vandag bekeer ek my en draai ek weg van my ou weë.
  Ek nooi U in my lewe om my Here en Verlosser te wees.

Was my skoon. Vul my met U Gees.
Ek verklaar dat ek wedergebore, vergewe en vry is.
Van hierdie dag af sal ek U volg –
en ek sal in U voetspore leef.
Dankie dat U my gered het. In Jesus se Naam, amen."

Volgende Stappe Na Verlossing

1. **Vertel iemand** – Deel jou besluit met 'n gelowige wat jy vertrou.
2. **Vind 'n Bybel-gebaseerde Kerk** – Sluit aan by 'n gemeenskap wat God se Woord verkondig en dit uitleef. Besoek God's Eagle ministries aanlyn via https://www.otakada.org [1] of https://chat.whatsapp.com/H67spSun32DDTma8TLh0ov
3. **Word gedoop** – Neem die volgende stap om jou geloof in die openbaar te verklaar.
4. **Lees die Bybel daagliks** – Begin met die Evangelie van Johannes.
5. **Bid elke dag** – Praat met God as 'n vriend en Vader.
6. **Bly in verbinding** – Omring jouself met mense wat jou nuwe lewenswandel aanmoedig.
7. **Begin 'n dissipelskapproses binne die gemeenskap** – Ontwikkel een-tot-een verhouding met Jesus Christus via hierdie skakels

40-dae dissipelskap 1 - https://www.otakada.org/get-free-40-days-online-discipleship-course-in-a-journey-with-jesus/

40 Dissipelskap 2 - https://www.otakada.org/get-free-40-days-dna-of-discipleship-journey-with-jesus-series-2/

---

1. https://www.otakada.org

My Reddingsoomblik

Datum : _____
 Handtekening : _____

"As iemand in Christus is, is hy 'n nuwe skepsel; die oue het verbygegaan, die nuwe het gekom!"
 – 2 Korintiërs 5:17

Sertifikaat van Nuwe Lewe in Christus

Verlossingsverklaring – Wedergebore deur Genade

Dit sertifiseer dat

_____

(VOLLE NAAM)

het in die openbaar **geloof in Jesus Christus** as Here en Verlosser verklaar en die vrye gawe van verlossing deur Sy dood en opstanding ontvang.

"As jy openlik bely dat Jesus die Here is en met jou hart glo dat God Hom uit die dood opgewek het, sal jy gered word."
– Romeine 10:9 (NLT)

Op hierdie dag juig die hemel en begin 'n nuwe reis.

Datum van Besluit : _____

Handtekening : _____

Verklaring van Verlossing

"VANDAG GEE EK MY LEWE oor aan Jesus Christus.

Ek glo dat Hy vir my sondes gesterf het en weer opgestaan het. Ek ontvang Hom as my Here en Verlosser. Ek is vergewe, wedergebore en nuut gemaak. Van hierdie oomblik af sal ek in Sy voetspore wandel."

Welkom by die Familie van God!

JOU NAAM IS GESKRYF in die Lam se Boek van die Lewe.

Jou storie begin nou eers – en dis ewig.

VERBIND MET GOD SE EAGLE-BEDIENINGE

- Webwerf: www.otakada.org[1]
- Rykdom Verder As Bekommernis-reeks: www.wealthbeyondworryseries.com[2]
- E-pos: ambassadeur@otakada.org

- **Ondersteun hierdie werk:**

Ondersteun koninkryksprojekte, sendings en gratis wêreldwye hulpbronne deur verbondsgeleide gee.
Skandeer QR-kode om te gee
https://tithe.ly/give?c=308311
Jou vrygewigheid help ons om meer siele te bereik, hulpbronne te vertaal, sendelinge te ondersteun en dissipelskapstelsels wêreldwyd te bou. Dankie!

---

1. https://www.otakada.org
2. https://www.wealthbeyondworryseries.com

3. SLUIT AAN BY ONS WhatsApp-verbondsgemeenskap

Ontvang opdaterings, toewydingsinhoud en maak kontak met verbondsgesinde gelowiges wêreldwyd.

Skandeer om aan te sluit

https://chat.whatsapp.com/H67spSun32DDTma8TLh0ov

AANBEVOLE BOEKE EN HULPBRONNE

- *Verlos van die Mag van die Duisternis* (Sagteband) — Koop Hier [1] | Eboek [2] op Amazon [3]

- **Top resensies uit die Verenigde State:**
  - **Kindle-kliënt** : "Die beste Christelike leesstof ooit!" (5 sterre)

---

1. https://shop.ingramspark.com/b/084?params=oeYbAkVTC5ao8PfdVdzwko7wi6IQimgJY2779NaqG4e
2. https://www.amazon.com/Delivered-Power-Darkness-AFRICAN-DELIVERED-ebook/dp/B0CC5MM4MV
3. https://www.amazon.com/Delivered-Power-Darkness-AFRICAN-DELIVERED-ebook/dp/B0CC5MM4MV

PRYS JESUS VIR HIERDIE getuienis. Ek is so geseënd en sal almal aanbeveel om hierdie boek te lees... Want die loon van die sonde is die dood, maar die gawe van God is die ewige lewe. Shalom! Shalom!

- **Da Gster** : "Hierdie is 'n baie interessante en nogal vreemde boek." (5 sterre)

As wat in die boek gesê word waar is, dan is ons werklik ver agter met wat die vyand in staat is om te doen! ... 'n Moet vir enigiemand wat oor geestelike oorlogvoering wil leer.

- **Visa** : "Ek is mal oor hierdie boek" (5 sterre)

Dit is 'n oogopener... 'n ware belydenis... Onlangs het ek oral daarna gesoek om dit te koop. So bly om dit van Amazon te kry.

- **FrankJM** : "Heeltemal anders" (4 sterre)

Hierdie boek herinner my hoe werklik geestelike oorlogvoering is. Dit bring ook die rede in gedagte om die "Volle Wapenrusting van God" aan te trek.

- **JenJen** : "Almal wat Hemel toe wil gaan - lees dit!" (5 sterre)

Hierdie boek het my lewe so baie verander. Saam met John Ramirez se getuienis, sal dit jou anders na jou geloof laat kyk. Ek het dit al 6 keer gelees!

- *Eks-Satanis: Die James-uitruiling* (Sagteband) — Koop hier [4] | E-boek [5] op Amazon [6]

---

4. https://shop.ingramspark.com/b/084?params=I2HNGtbqJRbal8OxU3RMTApQsLLxcUCTC8zUdzDy0W1
5. https://www.amazon.com/JAMESES-Exchange-Testimony-High-Ranking-Encounters-ebook/dp/B0DJP14JLH
6. https://www.amazon.com/JAMESES-Exchange-Testimony-High-Ranking-Encounters-ebook/dp/B0DJP14JLH

- **GETUIENIS VAN 'N Afrikaanse EK-SATANIS** - *Pastoor JONAS LUKUNTU MPALA* (Sagteband) — Koop Hier [7] | E-boek [8] op Amazon [9]

- *Groter Uitbuitings 14* (Sagteband) — Koop Hier [10] | Eboek [11] op Amazon [12]

---

7. https://shop.ingramspark.com/b/084?params=0Aj9Sze4cYoLM5OqWrD20kgknXQQqO5AZYXcWtoMqWN
8. https://www.amazon.com/TESTIMONY-African-EX-SATANIST-Pastor-Jonas-ebook/dp/B0DJDLFKNR
9. https://www.amazon.com/TESTIMONY-African-EX-SATANIST-Pastor-Jonas-ebook/dp/B0DJDLFKNR
10. https://shop.ingramspark.com/b/084?params=772LXinQn9nCWcgq572PDsqPjkTJmpgSqrp88b0qzKb
11. https://www.amazon.com/Greater-Exploits-MYSTERIOUS-Strategies-Countermeasures-ebook/dp/B0CGHYPZ8V
12. https://www.amazon.com/Greater-Exploits-MYSTERIOUS-Strategies-Countermeasures-ebook/dp/B0CGHYPZ8V

- *Uit die Duiwel se Ketel* deur John Ramirez — Beskikbaar op Amazon[13]
- *Hy het gekom om die gevangenes vry te maak* deur Rebecca Brown — Vind op Amazon[14]

Ander boeke gepubliseer deur die outeur – Meer as 500 titels
Geliefd, Uitverkore en Heel : 'n 30-dae reis van verwerping tot **herstel** vertaal in 40 tale van die wêreld
https://www.amazon.com/Loved-Chosen-Whole-Rejection-Restoration-ebook/dp/B0F9VSD8WL
https://shop.ingramspark.com/b/084?params=xga0WR16muFUwCoeMUBHQ6HwYjddLGpugQHb3DVa5hE

---

13. https://www.amazon.com/Out-Devils-Cauldron-John-Ramirez/dp/0985604306
14. https://www.amazon.com/He-Came-Set-Captives-Free/dp/0883683239

In Sy Voetspore — 'n 40-dae WWJD-uitdaging:
Leef soos Jesus in werklike stories regoor die wêreld

https://www.amazon.com/His-Steps-Challenge-Real-Life-Stories-ebook/dp/B0FCYTL5MG

https://shop.ingramspark.com/b/084?params=DuNTWS59IbkvSKtGFbCbEFdv3Zg0FaITUEvlK49yLzB

JESUS BY DIE DEUR:
40 Hartverskeurende Stories en die Hemel se Finale Waarskuwing aan Vandag se Kerke
https://www.amazon.com/dp/B0FDX31L9F
https://shop.ingramspark.com/b/084?params=TpdA5j8WPvw83glJ12N1B3nf8LQte2a1lIEy32bHcGg

VERBONDSLEEWE: 40 DAE van Wandel in die Seën van Deuteronomium 28

- https://www.amazon.com/dp/B0FFJCLDB5

Stories van Regte Mense, Regte Gehoorsaamheid, en Regte
https://shop.ingramspark.com/b/
084?params=bH3pzfz1zdCOLpbs7tZYJNYgGcYfU32VMz3J3a4e2Qt

Transformasie in meer as 20 tale

HAAR KEN EN HOM KEN:
40 Dae na Genesing, Begrip en Blywende Liefde

HTTPS://WWW.AMAZON.com/KNOWING-HER-HIM-Healing-Understanding-ebook/dp/B0FGC4V3D9[15]

https://shop.ingramspark.com/b/084?params=vC6KCLoI7Nnum24BVmBtSme9i6k59p3oynaZOY4B9Rd

VOLTOOI, NIE KOMPETEER NIE:
'n 40-dae lange reis na doel, eenheid en samewerking

---

15. https://www.amazon.com/KNOWING-HER-HIM-Healing-Understanding-ebook/dp/B0FGC4V3D9

HTTPS://SHOP.INGRAMSPARK.com/b/084?params=5E4v1tHgeTqOOuEtfTYUzZDzLyXLee30cqYo0Ov9941[16]

https://www.amazon.com/COMPLETE-NOT-COMPETE-Journey-Collaboration-ebook/dp/B0FGGL1XSQ/

GODDELIKE GESONDHEIDSKODE - 40 Daaglikse Sleutels om Genesing Deur God se Woord en Skepping te Aktiveer Ontsluit die Genesende Krag van Plante, Gebed en Profetiese Aksie

---

16. https://shop.ingramspark.com/b/084?params=5E4v1tHgeTqOOuEtfTYUzZDzLyXLee30cqYo0Ov9941

https://shop.ingramspark.com/b/
084?params=xkZMrYcEHnrJDhe1wuHHYixZDViiArCeJ6PbNMTbTux
https://www.amazon.com/dp/B0FHJT42TK

ANDER BOEKE KAN GEVIND word op die outeurbladsy
https://www.amazon.com/stores/Ambassador-Monday-O.-Ogbe/author/B07MSBPFNX

AANHANGSEL (1-6): HULPMIDDELS VIR DIE HANDHAAF VAN VRYHEID EN DIEPER BEVRYDING

AANHANGSEL 1: Gebed om Verborge Heksery, Okkulte Praktyke of Vreemde Altare in die Kerk te Onderskei

"*Mensekind, sien jy wat hulle in die donker doen...?*" — Esegiël 8:12

"*En hou nie gemeenskap met die onvrugbare werke van die duisternis nie, maar bestraf dit liewer.*" — Efesiërs 5:11

Gebed vir Onderskeiding en Blootstelling:

Here Jesus, open my oë om te sien wat U sien. Laat elke vreemde vuur, elke geheime altaar, elke okkultiese operasie wat agter kansels, kerkbanke of praktyke wegkruip, blootgelê word. Verwyder die sluiers. Openbaar afgodery vermom as aanbidding, manipulasie vermom as profesie, en perversie vermom as genade. Reinig my plaaslike gemeente. As ek deel is van 'n gekompromitteerde gemeenskap, lei my na veiligheid. Rig rein altare op. Rein hande. Heilige harte. In Jesus se Naam. Amen.

AANHANGSEL 2: Media-verloëning en -reinigingsprotokol

"*Ek sal geen goddelose ding voor my oë stel nie...*" — Psalm 101:3
Stappe om jou medialewe skoon te maak:

1. **Oudit** alles: flieks, musiek, speletjies, boeke, platforms.
2. **Vra:** Verheerlik dit God? Maak dit deure oop na duisternis (bv. gruwel, wellus, heksery, gewelddadige of New Age-temas)?
3. **Verwerp** :

"Ek verloën elke demoniese portaal wat deur goddelose media oopgemaak word. Ek ontkoppel my siel van alle sielsbande met bekendes, skeppers, karakters en storielyne wat deur die vyand bemagtig is."

1. **Verwyder en vernietig** : Verwyder inhoud fisies en digitaal.
2. **Vervang** met goddelike alternatiewe — aanbidding, leringe, getuienisse, heilsame films.

AANHANGSEL 3: Vrymesselary, Kabbalah, Kundalini, Heksery, Okkultiese Verloëningskrif

"*Moenie deel hê aan die vrugtelose werke van die duisternis nie...*" — Efesiërs 5:11

Sê hardop:

In die naam van Jesus Christus verwerp ek elke eed, ritueel, simbool en inisiasie in enige geheime vereniging of okkulte orde – wetend of onwetend. Ek verwerp alle bande met:

- **Vrymesselary** – Alle grade, simbole, bloedede, vloeke en afgodery.
- **Kabbalah** – Joodse mistisisme, Zohar-lesings, aanroepings van die lewensboom, of engelmagie.
- **Kundalini** – Derde oog openinge, joga ontwakings, slangvuur en chakra belynings.
- **Heksery & Nuwe Era** – Astrologie, tarot, kristalle, maanrituele, sielreise, reiki, wit of swart magie.
- **Rosekruisers , Illuminati, Skedel en Bene, Jesuïete-ede, Druïde-ordes, Satanisme, Spiritisme, Santeria, Voodoo, Wicca, Thelema, Gnostisisme, Egiptiese Misteries, Babiloniese rituele.**

Ek maak elke verbond wat namens my gemaak is nietig. Ek sny alle bande in my bloedlyn, in my drome, of deur sielsbande. Ek gee my hele wese oor aan die Here Jesus Christus – gees, siel en liggaam. Laat elke demoniese poort permanent gesluit word deur die bloed van die Lam. Laat my naam gereinig word van elke donker register. Amen.

AANHANGSEL 4: Aktiveringsgids vir Salwingsolie

"Is daar iemand onder julle wat ly? Laat hom bid. Is daar iemand siek onder julle? Laat hulle die ouderlinge inroep en hom met olie salf in die Naam van die Here." — Jakobus 5:13–14

Hoe om Salfolie te gebruik vir Verlossing en Heerskappy:

- **Voorkop** : Vernuwing van die gees.
- **Ore** : Om die stem van God te onderskei.
- **Maag** : Reiniging van die setel van emosies en gees.
- **Voete** : Stap in goddelike bestemming in.
- **Deure/Vensters** : Maak geestelike poorte toe en reinig huise.

Verklaring tydens salwing:

"Ek heilig hierdie ruimte en voorwerp met die olie van die Heilige Gees. Geen demoon het wettige toegang hier nie. Laat die heerlikheid van die Here in hierdie plek woon."

AANHANGSEL 5: Verloëning van Derde Oog en Bonatuurlike Sig uit Okkulte Bronne

Sê hardop:

"In die naam van Jesus Christus verwerp ek elke opening van my derde oog – of dit nou deur trauma, joga, astrale reise, psigedeliese middels of geestelike manipulasie is. Ek vra U, Here, om alle onwettige portale te sluit en hulle te verseël met die bloed van Jesus. Ek stel elke visioen, insig of bonatuurlike vermoë vry wat nie van die Heilige Gees gekom het nie. Laat elke demoniese kyker, astrale projektor of entiteit wat my monitor, verblind en gebind word in Jesus se naam. Ek kies reinheid bo mag, intimiteit bo insig. Amen."

AANHANGSEL 6: Videobronne met getuienisse vir geestelike groei

1) begin vanaf 1.5 minute - https://www.youtube.com/watch?v=CbFRdraValc

2) https://youtu.be/b6WBHAcwN0k?si=ZUPHzhDVnn1PPIEG

3) https://youtu.be/XvcqdbEIO1M?si=GBlXg-cO-7f09cR[1]

4) https://youtu.be/jSm4r5oEKjE?si=1Z0CPgA33S0Mfvyt

5) https://youtu.be/B2VYQ2-5CQ8?si=9MPNQuA2f2rNtNMH

6) https://youtu.be/MxY2gJzYO-U?si=tr6EMQ6kcKyjkYRs

7) https://youtu.be/ZW0dJAsfJD8?si=Dz0b44I53W_Fz73A

8) https://youtu.be/q6_xMzsj_WA?si=ZTotYKo6Xax9nCWK

9) https://youtu.be/c2ioRBNriG8?si=JDwXwxhe3jZlej1U

10) https://youtu.be/8PqGMMtbAyo?si=UqK_S_hiyJ7rEGz1

11) https://youtu.be/rJXu4RkqvHQ?si=yaRAA_6KIxjm0eOX

12) https://youtu.be/nS_Insp7i_Y?si=ASKLVs6iYdZToLKH

13) https://youtu.be/-EU83j_eXac?si=-jG4StQOw7S0aNaL

14) https://youtu.be/_r4Jyzs2EDk?si=tldAtKOB_3-J_j_C

15) https://youtu.be/KiiUPLaV7xQ?si=I4x7aVmbgbrtXF_S

16) https://youtu.be/68m037cPEu0?si=XpuyyEzGfK1qWYRt

17) https://youtu.be/z4zlp9_aRQg?si=DR3lDYTt632E96a6

18) https://youtube.com/shorts/H_90n-QZU5Q?si=uLPScVXm81DqU6ds

---

1. https://youtu.be/XvcqdbEIO1M?si=GBlXg-c-O-7f09cR

FINALE WAARSKUWING: Jy kan nie hiermee speel nie

Verlossing is nie vermaak nie. Dis oorlog.

Verloëning sonder bekering is net geraas. Nuuskierigheid is nie dieselfde as roep nie. Daar is dinge waarvan jy nie terloops herstel nie.

So bereken die koste. Wandel in reinheid. Bewaak jou poorte.

Want demone respekteer nie geraas nie – slegs gesag.

www.ingramcontent.com/pod-product-compliance
Lightning Source LLC
Chambersburg PA
CBHW072012030526
44119CB00064B/628